J I A N G S U

BRAND

江苏品牌故事

STORY

江苏省品牌建设促进会　编

江苏凤凰文艺出版社
JIANGSU PHOENIX LITERATURE AND ART PUBLISHING

PREFACE
序言

刘平均
中国品牌建设促进会理事长

在习近平总书记“推动中国制造向中国创造转变、中国速度向中国质量转变、中国产品向中国品牌转变”重要思想的指引下，中国品牌建设取得了重要成果。

在国内，中国树立了中国品牌的正能量，为推动中国品牌走上世界奠定了基础。

1.设立中国品牌日，提高全民品牌意识

2015年我担任全国政协委员时提案设立“中国品牌日”，俞正声主席高度重视，主持召开了“双周座谈会”，李克强总理做了重要批示。2017年国务院正式批准每年5月10日为“中国品牌日”。2019年中国品牌日的提案被纳入全国政协70年100项重要提案，受到表彰。新华社、中国品牌建设促进会每年在中国品牌日，联合举行中国品牌日系列活动，就是为了提升中国全社会全民的品牌意识，培育和宣传品牌正能量。既要通过3.15对假冒伪劣产品曝光，保护广大消费者权益，更要通过5.10宣传优秀品牌，让好品牌引导市场消费，拓展国内外市场。

2.建立了品牌评价信息的公益发布体系。目前我国已经颁布了41项品牌评价的国家标准。中国品牌建设促进会先后联合中央电视台，中国国际贸促会，新华社，经济日报社，财政部中国资产评估协会，国资委新闻中心，遵循“科学，公正，公开，公认”的准则，开展了10次公益性的“中国品牌价值评价信息发布”。这10次发布，受到社会各界的充分肯定与认可，没有收到一封群众告状信。下一步我们要建立省，市品牌评价发布机制，形成国家，行业，省，市品牌评价发布体系，争取5年时间发布8-10万个中国优秀品牌，让中国的好品牌引导市场消费满足国内外消费者的消费需求。

3.开展“品牌强农乡村振兴”“品牌消费无假劣”行动。近期，中国品牌建设促进会联合中国老区建设促进会、中国农产品市场协会、中国城镇化促进会、中国优质农产品开发服务协会联合开展了“品牌强农乡村振兴”“品牌消费无假劣”行动。一是在全国优选5000个区域公用品牌，在1500个县（覆盖832个脱贫县）建立产业园，通过农产品深加工，形成品牌产业链，让边远地区的生态农产品走出深山僻壤，解决销售难的问题，为脱贫致富建立长效机制；二是在国家规划的103个流通节点城市建立品牌供应链中心；三是在全国成立的30个左右国际品牌中心建立国际品牌供应链中心。形成批发、零售贸易网络，实施产品全程溯源，实现“品牌消费无假劣”，并建立国际品牌贸易平台，助力形成以国内市场为主体，国内国际双循环发展格局。2022年与122个县人民政府签署了“品牌产业园”合作协议，2023年扩大到500个县。2023年底，首批品牌供应链城市温州、台州、厦门、长春将正式运营。并与10个城市人民政府签署“品牌供应链中心”合作协议。2024年将扩大到50个流通节点城市。

在国际上，我国取得了品牌评价国际标准的话语权，为推动中国品牌走上世界构建了良好路径。

1.我国主导了国际品牌评价的理论体系。中国联合美国国家标准化机构（ANSI）、德国国家标准化机构（DIN），创新性地提出了“品牌价值发展理论”，将品牌评价的单一“有形资产”要素拓展为“质量、服务、技术创新、无形资产、有形资产”五个要素，简称“五要素理论”，得到了世界各国的支持与认可。

2.我国推动国际标准化组织（ISO）建立了品牌评价标准制定的技术机构，掌握了国际规则的主导权和协调权。中国联合美国国家标准化机构（ANSI）提案，推动国际标准化组织（ISO）建立“品牌评价技术委员会”（ISO/TC289），经过全球165个成员国和18个技术管理局成员国的二轮投票，分别获得95.6%和100%的赞成票，并由中国担任永久秘书国，秘书处设在中国品牌建设促进会（隶属于国家市场监管总局）。我作为“五要素”理论创始人被推举为顾问组主席，负责主持制定发展规划并推荐下一届主席人选。我国为建立全球科学公正的品牌评价标准体系做出了重要贡献，受到了各国的认可和尊重。

3.我国主导制定了品牌评价的国际标准，掌控了国际标准话语权。中国、奥地利牵头，会同ISO/TC289各成员国，以“五要素”理论为基础，制定了国际品牌评价主标准《品牌评价 基础与原则》（ISO 20671：2019），为世界各国的品牌建设及国际品牌评价提供了统一标准依据。后续分类评价标准正在我国的主导下，不断成熟。

4.我国主导建立了世界品牌的评价发布机构：国际品牌科学院。国际品牌科学院将依据我国主导发布的品牌评价国际标准，为全球不同体制的国家建立科学公正的品牌价值评价发布机制，同时树立中国品牌在全球的优良形象。中国工程院院士钟南山先生，美国国家标准化机构（ANSI）主席巴蒂亚先生，德国国家标准化机构（DIN）原主席巴赫先生担任国际品牌科学院专家委员会名誉主席。我被推选为专家委员会主席。ISO/TC 289首任主席美国西北大学商学院院长博比先生、ISO/TC 289现任主席戴维先生、国际反假联盟主席巴彻斯先生、全球资产评估师协会主席比尔先生担任国际品牌科学院副主席。

目前，国际品牌科学院已批准中国设立10个国际品牌中心。国际品牌中心重点开展五方面的工作：一是，研究制定相关产业的品牌评价国际团体标准，由国际品牌科学院立项并发布；二是，依据品牌评价国际团体标准由国际品牌科学院公益发布相关产业的世界品牌榜，同时按品牌评价

“五要素”发布质量金奖、服务金奖、创新金奖、文化金奖、贡献金奖；三是，发布相关产业的国际品牌发展指数；四是，开展相关产业的线上线下国际品牌贸易；五是，召开相关产业的全球品牌大会。

2023年9月将在宁夏国际葡萄酒品牌中心发布世界葡萄酒品牌榜，在四川泸州国际蒸馏酒品牌中心发布世界蒸馏酒品牌榜。我们要通过国际品牌中心的建设，由政府主导建立国际品牌保护机制，打造一批世界知名品牌，推动中国品牌走上世界。

5.组建了一批国际优势产业品牌集群。贯彻习近平总书记“促进我国产业迈向全球价值链中高端，培育若干世界级先进制造业集群”的指示，中国选择国际优势产业，成立了60个产业品牌集群，形成了中国特色产业品牌的合力，以国际的视野，国家的高度引领中国品牌走上世界。

江苏是经济大省，品牌大省。在江苏省委、省政府的领导下，一批企业走出了世界知名品牌、国际品牌和中国品牌的成功之路。

为了更好地向社会各界展示江苏品牌的成就和梦想，展现企业从产品向品牌转变的历程，本书选取江苏各类企业典型，以品牌故事为切入点，展现江苏企业从注重数量和规模向注重品质和价值的转变，以及企业品牌从全国走向世界的全球化之路。书中将以抢抓时代机遇转型升级，展现江苏企业先进科技产业成果，以聚焦制造业发展趋势，展示中国制造中的江苏智慧和江苏力量。希望通过此书，让中国更多企业学习借鉴，做优做强中国品牌，以品牌升级撬动产业升级，打造品牌经济，实现中国产品向中国品牌转变。

FOREWORD

前言

蒋　立
江苏省品牌建设促进会会长

为江苏“走在前、做示范”贡献品牌力量

江河湖海，大气包容，人文荟萃、商贾云集，自古就是“鱼米之乡”的江苏，始终是发展的高地、文化的高地、品牌的高地。无论是流传至今的中华老字号，还是脱颖而出的时代名片，都熠熠生辉，深入人心。

品牌是高质量发展的重要象征，是企业乃至国家竞争力的综合体现。习近平总书记高度重视中国品牌建设，明确要求“推动中国制造向中国创造转变、中国速度向中国质量转变、中国产品向中国品牌转变”。

从产品到品牌，提升的不只是性能、技术和质量，更是精神、格局和责任。近年来，江苏企业主动担当，积极作为，打造了一大批知名度高、美誉度强、影响力大的优秀品牌，成为国际市场上闪光的“中国名片”。

回首新时代10年，在习近平总书记的关怀指引下，江苏走在了高质量发展的前列；踏上新征程，总书记又殷切嘱托我们在推进中国式现代化中“走在前、做示范”。“走在前、做示范”，是谋划推进江苏工作的主题主线，是江苏现代化建设的目标指引。

“江苏是经济大省，要把坚守实体经济、构建现代化产业体系作为强省之要，全面提升产业基础高级化和产业链现代化水平，为增强我国产业链供应链的韧性和竞争力做出更大贡献。”习近平总书记对江苏的

殷切期望、信任重托，为江苏在新征程上夯实发展根基，强化品牌建设指明了方向，提供了遵循。

当前，江苏正在着力巩固传统产业领先地位，加快打造具有国际竞争力的战略性新兴产业集群，大力发展数字经济，推动数字经济与先进制造业、现代服务业深度融合，加快构建以先进制造业为骨干的现代化产业体系，这为品牌建设创造了新的机遇，提供了广阔舞台。

为提升江苏品牌影响力和竞争力，用世界语言讲好品牌故事，助力品牌全球化，江苏省品牌建设促进会特邀《凤凰周刊》总监夏婷婷率专业记者团队走进20余家会员单位，以访谈形式，倾听单位负责人全方位、多角度讲述企业在成长过程中的品牌故事，在此基础上，我们编写了《江苏品牌故事》。

《江苏品牌故事》以经典的案例和生动的故事，讲述了苏商筚路蓝缕的创业创新历程，传递了苏商“四千四万”的拼搏奋进精神，承载了企业家的家国情怀与光荣梦想，展示了品牌背后蕴含的文化内涵、文化价值，展现了江苏品牌建设的路径——持续创新，驱动品牌发展。

“十年树企业，百年树品牌”。小到一件衣服、一杯牛奶，大到重点工程、国之重器，江苏品牌所彰显的活力、自信，正是江苏经济持续稳定健康发展的底气所在、信心所在。希望通过《江苏品牌故事》的出版发行，社会各界能更加深入地了解江苏，更加深刻地认识品牌价值。同时，也希望广大读者能汲取创业的智慧，感受品牌的魅力，共同见证江苏品牌的辉煌，共同分享江苏人民的自豪！

新征程上，我们将继续讲好江苏品牌故事，推动更多江苏品牌走向全国，走向世界，推动全社会形成支持品牌、关爱品牌的浓厚氛围，源源不断涌现更多“百年老店”，为江苏在推进中国式现代化中“走在前、做示范”贡献更多品牌力量。

走遍千山万水
想尽千方百计
说尽千言万语
吃尽千辛万苦

CONTENTS 目录

CHAPTERONE
国民品牌的新生之路

001

048

CHAPTERTWO
品质是品牌之根基

CHAPTERTHREE 科技创新助力自主品牌崛起

090

CHAPTER ONE

国民品牌的新生之路

天加

科技与创新
是民族品牌的一场修行

绿色一直是我国经济发展的重要底色，也是可持续发展的要求。30 多年来，南京天加集团从海南岛走到江苏，走到全国，如今，作为中高端绿色制造业的代表，它以自主创新和匠心质量傲视全球，在各项重大项目中，向世界展示着中国坚持绿色发展的实力！

自主创新 + 海外并购，以科技激发民族品牌活力

天加成立于1991年，1995年创立天加品牌。天加的绿色环保梦想，一开始是从海南岛上出发的。后来转战江苏，建立天加江阴工厂，还有了第一个发明专利——迷宫式框架结构。

经过30多年的发展，如今，天加已经成为集研发、制造、销售、服务于一体的环境及能源利用的专业化公司，拥有南京、天津、广州、成都、吉隆坡5大生产基地，还在大阪、蒙特利尔、米兰等地建有7大研发中心和制造基地，70多个销售和服务网点遍布全球。

从中国制造到中国创造，从行业品牌到民族品牌，天加不断探索品牌成长路径。2022年天加全系统销售收入达103亿元，同比增长21%并接连荣获江苏省质量奖、南京市长质量奖、江苏省质量信用AAA级企业等相关荣誉。

天加深耕精益管理，以质量作为发展基石。天加从2011年开始实行“十年质量精进计划”，确保每一个环节精益精进，全面提升天加产品质量。同时天加全面引进日本稻盛和夫的阿米巴经营模式与UTC的“ACE”运营体制，夯实基础，建设有竞争力的制度和体系，投资优秀人才和先进实验室。

30多年发展期间，天加大力推行精益管理体系，全面培养精益人才，大幅提升运营关键效率、质量、交付。重视关注客户需求、关注产品研发及两化融合，引进消化国外先进的技术及管理经验，逐步形成自主的企业文化和质量管理模式，通过人才、研发、制造、销售服务四个方面打造天加四维精进质量管理体系。

在环境领域，全国超过7000家三甲、二甲医院，超过5000家GMP制药厂，超过3000家微电子企业选用天加。在轨道交通领域，服务全国超过80条重点地铁线，是中国地铁最大的中央空调

供应商。在建筑节能领域，天加“全生命期成本更低”高效机房解决方案，已实现综合能效（SCOP）6.93，是2021年全球环保含金量最高奖“保尔森可持续发展奖”，绿色创新类别的唯一获得者。

在绿色可再生能源领域，天加自2015年特成立“天加能源”公司，通过自主创新和海外并购，已拥有全球最全频谱（中）低温发电机组及系统。目前全球装机总量近1000MW，产品远销意大利、德国、法国、西班牙、英国、土耳其、美国、日本等。在国内工业余热化纤行业领域市场占有率高达90%。承建中国中东部首个高温地热发电项目“大同天镇县高温地能源科研示范试验电站项目”和中国首个干热岩发电项目“河北唐山市马头营凸起区干热岩开发关键技术集成研究与示范”项目，在地热、干热岩应用领域创造两个第一，为中国3060目标提供现实解决方案。

作为“单项冠军”企业，天加一直注重科技研发与人才投入，全球4500多名员工中超过1000名为研发工程师。天加通过投资优秀人才开展设计规范，是国内首家同时获得AHRI和欧标双重认证企业。天加建成超过40座国家CNAS专业实验室，不仅拥有行业最大焓差实验室库区，还是中国首个300kW/1MW透平双系统有机朗肯循环（ORC）低温发电测试实验台的拥有者。天加11项核心科技傲视全球，其中ISO1级超净环境系统达到了国际洁净度标准最高水平，打破了国外技术垄断，荣获中国机械工业科学技术一等奖。

天加坚持走国际化的高质量发展之路，除主品牌TICA天加外，旗下还拥有全球最大磁悬浮冷水机组加拿大企业SMARDT，全球第二大地热发电装备企业意大利EXERGY以及低温发电公司PURECYCLE，欧洲著名生物质能利用企业SEBIGAS等。自主创新和海外并购双重发展，以核心科技激发品牌活力，以多品牌运营助力全球高精尖“绿色”发展。

科技与绿色携手登上国际舞台

2022年的北京冬奥会，让中国的绿色发展理念再一次在世界大放异彩，也成为百年奥运历史上第一次全部使用绿色清洁电力的奥运会。其中，一些场馆使用的二氧化碳跨临界直接制冷系统是目前世界上最先进、最环保、最节能的制冷技术，这在冬奥会历史上尚属首次。

作为绿色制造业的代表，天加以实际行动践行守护冬奥的责任和使命。天加参与了多个重要场馆的建设，如冰立方（冰壶馆）、延庆国家雪橇/滑雪中心、五棵松体育馆（冰球馆）、首钢滑雪大跳台等，以科技与绿色助力冬奥场馆实现“更强”升级，在国际舞台上共同浪漫起舞。

首钢滑雪大跳台除了作为冬奥会的比赛场馆，也将成为北京的体育新地标。虽然比赛是在室内进行的，但对场地冰面温度、空气温度、湿度等方面都有特殊要求，还要考虑赛后空调负荷变化，能源回收等问题。

天加参与该项目的制冷工程专家，在300多天建设周期内攻坚克难，包括采用了天加大型工艺直膨式空气处理机组、组合式空气处理机组、吊顶新风处理机组等设备，确保场馆整体达到办赛标准，也推动滑雪大跳台成为北京赛区首个建成的新建比赛场馆。

“水立方”升级改造为“冰立方”，作为冬奥会冰壶赛事的场馆。冰壶比赛对于场地要求很高，而且游泳比赛和冰壶比赛对于温度、湿度、光照、声学等环境因素的要求也大不相同。这个工程需要各方的不懈努力，作为体育场馆建设的“专业户”，天加就在此次升级中为场地定制末端空气处理系统，其定制的高静压风机，满足大空间远距离送风，独特静音设计也不影响观赛体验，同时还有热管节能技术，让国家游泳中心完成“更强”升级，成为名副其实的“双奥场馆”。

延庆国家雪橇/滑雪中心采用了世界顶尖的赛道设计，是北京市冬奥工程竞赛场馆中设计难度最高、施工难度最大的新建场馆。国家高山滑雪中心共建设7条赛道，拥有国内第一条符合奥运标准的高山滑雪赛道，也是目前世界上难度最大的比赛场地之一。

天加为本项目提供整体空气环境解决方案，在确保舒适区域温度湿度适宜的前提下，增加了天加专业的洁净模组，一次过滤效率达95%的洁净模组可以有效提升室内空气的健康品质。所有末端设备均定制大温差设计，有效降低设备噪声，保障室内环境安静适宜。

30多年来，天加坚持“一个环保路径，两个事业板块”发展战略，形成以天加环境为主体的专业空气环境制程事业板块和以天加能源为主体的绿色再生能源事业板块。

民族品牌更是意味着民族责任，未来，天加将继续坚持“天行健，君子以自强不息”的企业精神，坚守初心，稳步发展，沉淀品牌厚度，弘扬品牌信仰，坚定持久地走创新研发之路，继续紧随国家发展步伐，缔造更多传奇。同时，面向国际市场，深耕节能低碳发展事业，结合多年的实践经验，硬核出“技”，积极研发并推进高效节能创新技术的应用，争取在更多的业务领域推广应用，助力双碳战略目标实现，让世界感受到中国品牌的硬实力。

TICA

波司登

一个中国符号的光荣与梦想

作为传统国货品牌，波司登正代表“中国制造”和“中国品牌”强势崛起。在全球市场上叫响“世界羽绒服、中国波司登”的那一天，不会遥远。

以品牌为引领，与时代同行

波司登创始于1976年，是一家有着47年历史的中国羽绒服品牌。40多年来，波司登从只有8台缝纫机11位农民的村办缝纫组起家创业，伴随着国家改革开放的步伐，走过了从“来料加工”到“贴牌代工”再到“品牌授权”的早期创业发展历程，并萌发了最早的品牌意识。

作为拥有40多年发展历程的国民品牌，波司登也曾陷入过困境。

时间回溯到1992年。那一年，波司登品牌成功注册，正式迈出打造自主品牌的第一步。波司登董事长兼总裁高德康回忆，1994年之前企业发展势头很好，企业上下沉浸在胜利的喜悦中，放松了警惕。1994年，波司登生产的23万件羽绒服只卖出8万件，其中7万件还是其他授权品牌。2000多万元的产品全积压在仓库里，原辅料工厂，加工厂纷纷跑来要账，银行也上门催账，企业到了生死存亡的紧要关头。这次危机，让企业第一次意识到品牌的力量——只有打响自主品牌，才有可持续发展的生命力！

为了提升品牌知名度和产品形象，波司登针对前期市场调研所发现的问题，对品牌、产品、渠道进行了全方位的创新。通过邀请清华大学创意制作，在中央台打出了第一支广告“波司登给你亲人般的温暖”，提高品牌曝光声量和高端产品形象。在产品方面，采用国外进口的最先进的环保哑光染色面料，面料质量好，不褪色；增加内衬密度，减少钻绒现象；改进服装款式及板型，加入时尚元素，更适合消费者的需求。同时，把当时普遍采用的40%左右的含绒量增加到60%—70%，并选用蓬松度更高的优质绒，增加含绒量、锁定蓬松度，这样羽绒服更轻薄、更保暖、更时尚。渠道方面，在全国各地成立贸易销售公司，招聘专业销售人才直接对接各地商场。就这样，波司登很快打通了国内销售渠道，品牌知名度得到提升。

此后，波司登视品牌为生命，坚定不移实施名牌发展战略，聚焦羽绒服核心主业，以品牌建设为引领，以改革创新为动力，赢得市场和消费者的广泛认可，走出一条民营企业实施名牌战略的成功之路，成为家喻户晓的国民羽绒服第一品牌，获得“世界名牌”“中国工业大奖”等荣誉，连续28年荣获中国市场销量冠军，规模总量全球领先。

如何打响品牌知名度，波司登做出许多“另类”尝试。比如决定在王府井百货开展夏季羽绒服反季促销。这一次，高德康亲自设计了红白蓝三色带五角星的外拎袋，袋子设计独特，视觉冲击力强，让人印象深刻，过目不忘。王府井百货波司登柜台前人头攒动，顾客们排队购买，最多的一天在王府井百货销售了780件，满大街拎着波司登外拎袋的消费者成了品牌最好的广告代言人，为品牌进行口碑营销，这次营销极大地提升了品牌知名度。

波司登品牌也走过一段下坡路，一度变成“爸爸妈妈穿的羽绒服”，品牌急剧老化，品牌势能下降，和时代主流用户渐行渐远。这一次波司登选择回归品牌创业初心，确立聚焦主航道、聚焦主品牌的战略发展方向，采用创业之初的打法，并顺应时代的变化，聚焦顾客价值，激活品牌力量，提升品牌高度，以品牌的力量，拉动产品、渠道、供应链等全方位升级发力，经过这几年的努力，使品牌重新赢得了时代主流消费人群的认可和选择，波司登“大品牌、好品质、羽绒服代名词”的品牌认同感不断强化，重新赢得时代主流消费人群的认可和选择。

产品创新，是品牌的基因和灵魂

随着纺织服装行业的高速发展，羽绒服市场成为充分竞争的产业。根据中国服装协会统计，2021年国内羽绒服市场规模为1562亿元，2016—2021年CAGR为12.7%，快于国内服装市场增速。

站在激烈的竞争市场上，波司登也在寻找突破口。从竞争格局看，大众羽绒服市场主要为大众休闲品牌所占据，高端奢侈羽绒服品牌主要包括国外品牌Moncler、CanadaGoose、迪桑特、始祖鸟等，中高端市场规模大，缺少有知名度的竞争品牌。瞄准广阔的市场前景，波司登精准地切入国内中高端羽绒服领域，凭借高时尚度以及强大的产品功能，业绩重回增长轨道。

从数据上看，自2017年之后，波司登业务重心回归羽绒服领域，非羽绒服仅保留女装及校服业务，男装及童装逐步出清。品牌羽绒服板块仅保留波司登、雪中飞、冰洁三大品牌。

而支撑波司登转型成功的关键，就在于产品的创新！波司登依靠产品设计能力和面料升级拓展中高端产品矩阵，开发出泡芙系列、高尔夫系列、登峰系列、风衣羽绒服、新一代轻薄羽绒服等全新系列产品，并不断对产品进行升级迭代；将功能基因注入产品，提升消费者的认可度，波司登在中高端羽绒服市场已经建立完善的产品矩阵。波司登聚焦尖端产品研发，不断引领产品向上突破，做实“羽绒服专家”认知。波司登的“登峰系列”荣获中国优秀工业设计奖金奖，“城市滑雪服”“复合结构露营羽绒服”荣获ISPO全球设计奖，零压力羽绒泡芙获得红点设计奖。现在，越来越多国际消费者了解并开始选择来自中国的名牌——波司登

数智经营，打造品牌核心竞争力

从20世纪90年代开始，波司登就一直进行国际化探索，以开设

海外旗舰店、买手店，并与国际设计机构、优秀设计师合作等形式，联动海内外，在全球范围内开展创新资源的整合和战略合作。波司登先后在纽约时装周、米兰时装周、伦敦时装周发布时尚大秀，让世界看到古典文化美与现代时尚兼具的中国文化与中国设计。

在数字化升级方面，波司登独立研发了拥有自主知识产权的软件系统和大数据中心，建成了服装行业最先进的智能制造生产基地和智能配送中心，实现所有设备的互联互通并实时和市场信息链接，商品一体化、全国一盘货，快速精准服务用户需求，智能化程度和快反能力遥遥领先于行业水平。当前，企业数字化改革已进入深水区，聚焦“用户、零售、商品”，是未来数字化转型的发力点。波司登还将全力推进企业智改数转，不断总结优化，提升经营管理效益，实现全业务、全流程、全触点的智改数转目标。

科技体验区
INNOVATION ZONE

高淳陶瓷

陶瓷文化“走出去”
国瓷品牌“强起来”

瓷器是中华民族灿烂文化的象征，也是国际交往的重要文化载体。高淳陶瓷 60 多年的匠心之道，60 余载的坚守传承，始终坚持做好陶瓷品牌，向世界传播中国陶瓷文化，助推国瓷品牌国际化。

从贴牌生产到自主设计，抓牢品牌核心竞争力

高淳陶瓷创建于1958年，原本是一家生产日用粗陶的手工作坊式山区小厂。创业伊始，企业以贴牌生产为主。从20世纪80年代以来，高淳陶瓷累计向全球100多个国家和地区出口了15亿件各类陶瓷餐具。

随着国际环境和生产成本的变化，企业越发意识到，没有一个个性化的品牌，它在海外是很难存活的，很难走出中国市场。最明显的对比就是，尽管我国制造供应了全球2/3的日用陶瓷产品，但是中国陶瓷产品在国际市场的竞争中，大量采用的都是国外设计、中国制造的产业分工方式。随着原材料、劳动力成本变化，生产成本方面的变化，要求中国的日用陶瓷企业转变发展方式，由原来的产品经营转变为品牌经营。

品牌成功的背后，不仅是苦耕实干，更有其核心软实力的支撑——优秀的人才团队和卓越的创意设计能力。有了自主设计能力，高淳陶瓷开始打造自己的高品质产品。从20世纪70年代末生产介于陶和瓷之间的炻器。后来，高淳陶瓷选择了英国的骨瓷，使得高淳陶瓷的产品更加丰富多元，满足海内外市场需要。

20世纪90年代以来，高淳陶瓷凭借极致的探索创新态度，引进培养了国际一流的陶瓷设计创意团队，同时立足中国传统文化内涵和历史文化基石，进行传承与创新，不断做强自主设计，不断丰富品牌内涵，最终在同行业内脱颖而出，连续10多年综合经济效益名列我国陶瓷行业首位。

伴随自主品牌经营的深入推进，企业意识到，要把核心创新设计抓在自己手里。2009年，高淳陶瓷开始打造中国陶瓷行业的第一个陶瓷文化产业园，先后引进了中央美院、清华美院、南京艺术学院等具备国内高端日用陶瓷设计和创意能力的团队。经过10多年的努

力，高淳陶瓷形成了创意设计方面的核心竞争力。2018年，该产业园被评为国家级的工业设计中心，也是中国日用陶瓷行业唯一的一个。如今的高淳陶瓷，已成为国内技术装备最先进，研发、设计、制造能力最强，产品种类最齐全，品牌影响力最大的陶瓷企业。

与其他企业不同的是，高淳陶瓷市场上首先跟客户接触的并不是市场团队，而是设计团队，这也使得企业的产品能够满足定制化、个性化的市场需求。近年来，高淳陶瓷取得了2000多项外观设计专利，也取得了10多项我国综合性外观大奖，获得的奖项都是全国陶瓷行业的半数以上，形成了核心创意设计能力，使企业有能力来做好每一个项目的个性化设计。

据江苏高淳陶瓷股份有限公司董事长孔德双介绍，公司按照品牌发展“三步走”的战略，目前已经走出了第一步，成为国内日用陶瓷行业的领军品牌。接下来，第二步，紧跟国家“一带一路”发展战略，向沿线国家传播自主品牌，拓展自主品牌的市场。第三步，打响自主品牌，实现企业从产品经营到品牌经营的根本性转变。

亮相国家盛宴，打造国际化品牌

走进高淳陶瓷博物馆内，首先映入眼帘的是一艘载着众多名窑瓷器的“南海一号”仿制宋代古船，漫步其中，历史名窑、当代国家用瓷、陶瓷艺术大师作品、高淳陶瓷品牌陶瓷展将人们带入久远璀璨的瓷器世界，也昭示着高淳陶瓷打造中国陶瓷新地标的愿景。

“国韵黄”和“珍珠白”两套“盛世如意”珐琅彩餐瓷，在2014年北京APEC峰会上艳惊四座。蕴含中国传统山水艺术文化的“丝路国宴”瓷器曾亮相2017年、2019年“一带一路”国际合作高峰论坛，清新隽永、古典雅致让人赏心悦目……在如今的首批江苏特色小镇——高淳国瓷小镇，越来越多人选择带着好奇与惊叹，一睹国瓷陶瓷风采。

时间回溯至2014年。当北京APEC峰会组委会的官员来到南京，南京南站内高淳陶瓷的展厅便吸引了他们的目光。高淳陶瓷由此独家承制了北京APEC峰会招待晚宴用瓷（水立方），“盛世如意”珐琅彩国宴用瓷耀眼全球。也正是这次偶然，高淳陶瓷与国宴瓷结下了不解之缘。

“骨瓷这个瓷种，是英国人在中国传统时期瓷器制造工艺的基础上，在18世纪创新发展的一个新的瓷种。除了我们传统的构成，加入了40%以上的牛骨粉。这种高钙的原料使产品的釉面更加晶莹通透，使它一跃成为世界第一大名瓷。”公司设计总监兰亭表示。青花珐琅杯以高档骨质瓷为载体，金光与瓷光交相辉映，器型古典而庄重，彰显大国礼仪，纹饰由宝相如意纹、如意云纹、万寿回纹等具有中国古典文化元素纹样构成，寓意“吉祥、美满、富贵”。

美丽又精致的高淳陶瓷是如何炼成的？一只盘子的诞生，要经过原料精选、陈腐炼泥、滚压成形、干燥、素烧、施釉、釉烧、贴花、描金、烤花等70多道工序。与普通瓷器制作不同，在经过素烧、釉烧以后，为达到最佳色彩效果，还要根据不同釉色、花纸及金边的需要，采用不同温度多次烤花，每道工序精工细做、反复琢磨、追求完美。正是这种百炼成钢的精神，才成就了在国宴上让世界瞩目的瓷器。

高淳陶瓷融合中国传统文化，不断改良创新。以品质、创意等综合实力多次承担了国家宴会用瓷的设计和生产重任，走出了一条自主品牌崛起之路。高淳陶瓷也凭借其品质和创意，先后承担了2014年APEC峰会招待晚宴、2015年乌镇世界互联网大会、2017年第一届“一带一路”国际合作高峰论坛、2019年上海国际进口博览会、2019年第二届“一带一路”国际合作高峰论坛、2022年金砖国家峰会、2023年中国-中亚峰会等多次国家宴会用瓷和礼品瓷的设计和生产重任。

“高淳陶瓷一方面满足了国家重大外交活动对瓷器的需要，另外一方面用陶瓷这种中华文化的象征性的符号来诠释中华文化，讲

述中国故事。”公司品牌负责人王贵夫表示，如今的高淳陶瓷，将进一步提高产品质量，打磨制瓷技艺，凸显中国特色，同时提升创意设计能力，诠释时代创新，努力把高淳陶瓷打造成真正承载大国工匠执着坚守，彰显大国崛起文化自信的国家名片。

红柳

“百年”老品牌的“新时尚”

100年坚守一块布，是什么概念？对于江阴市红柳集团来说，创立50多年来，专注家纺制造领域，靠着对面料如磐石般的坚守和不断创新，红柳在不断变化的行业浪潮中，始终立于潮头，形成了以全系列床上用品为主，窗帘、装饰布等为辅的综合产品体系，产品畅销全球53个国家和地区。

集体企业改制，专注铸就品质

1965年，江苏红柳集团创立。一开始，企业主要生产线带。2000年，企业改制，目前已发展成一家专业从事家用纺织品开发与生产业务的民营科技企业。

怎么才能从曾经寂寂无名的企业，蜕变为叫得响的行业品牌企业？“专注”和“创新”是永恒不变的主题。彼时，生于微末的被单厂从生产线带到面料，再到床品开发，始终奉行着“100年生产一块布”的准则。尽管市场上的销售热点此起彼伏，但是红柳被单厂丝毫不为所动，一心一意扑在面料耕耘上。

随着对市场认识的深入，公司逐步加大对于功能性面料的开发。按照“社会调研→方案设计→技术设计→工艺设计→样品试验→检测检验→内部评审鉴定→批量生产→产品检验→用户调研”的流程，公司紧抓消费者需求，面向市场要生产力。

与此同时，公司成立了功能性家用纺织品工程技术研究中心，引进国外先进检测设备，专业从事功能性家纺产品研究。目前，公司拥有一支专业研发团队，并与市场部门组成新的开发团队，将技术开发与销售提成挂钩，进一步激发创新热情。

2008年，红柳集团迎来了高光时刻。在北京奥运会上，红柳承担了整个奥运村的床品、窗帘生产安装工作，让全球运动健儿感受到了中国床品的舒适和健康。而红柳集团以完美的品质诠释了“绿色奥运、科技奥运、人文奥运”的内涵，受到国际奥委会、北京奥组委和各国代表团的一致好评。“2007年春节以后，受恒源祥集团公司的统一安排，我们开始着手奥运物资的筹备工作，车间投入了500位员工，全力以赴在时间节点前完成任务。”2008年北京奥运VIK项目亲历者、红柳集团老员工王雨洪回忆，“床上用品顺利通过验收后，相关部门还专门给我们发了荣誉证书。”

首次为奥运提供优质的产品和服务，让红柳集团备受市场瞩目和青睐，也迎来了企业快速发展的新阶段，2022年，恒源祥集团成为北京2022年冬奥会和冬残奥会官方正装和家居用品赞助商。作为恒源祥家纺一厂，红柳继2008年为北京奥运会奥运村提供专用床上用品和窗帘后，再次为北京冬奥会奥运村提供床上用品，红柳集团生产的“冰墩墩抱枕被”一时成为各国运动员竞相在社交媒体上曝光的网红产品。

通过为奥运会的品质服务，红柳集团意识到绿色环保对于品牌建设具有至关重要的作用。为此，公司研发坚持绿色发展，力争产品更加贴合百姓需要。同时，公司在建设绿色工厂过程中也是精益求精，2021年，公司被国家工信部授予了“绿色工厂”的称号。

设计研发能力和产品质量提升，也使得红柳的品牌效应越来越强。目前，公司研发中心占地面积超过3000㎡，其中试验基地1000㎡。公司拥有总价值4900多万元的研发用仪器设备，工程技术研究中心拥有研发技术人员82名，其中本科及以上学历人员62名，纺织、印染、机械工程师15名，助理工程师20名。为了增加产品的科技深度，公司还和多所大学、科研机构签订产学研合作协议，促进新产品开发，并不断完善产品性能及质量。

柔性供应链管理，铸就服务品牌

2017年红柳再次成为“第一个吃螃蟹的人”，他们敏锐地捕捉到数码印花势如破竹的发展态势，斥资1亿元人民币，引进了亚洲首台意大利MS3.4米超高速数码智能喷墨印花机。数码印花绿色、环保、个性、美观，代表了未来印染发展趋势，同时，数码印花带给家纺行业无限美妙的憧憬，对满足人民日益增长的对美好生活的需要有重要推动作用。走进红柳集团的数码印花产品陈列室，用群芳竞艳，姹紫嫣红来形容不为过，数码印花产品花色的丰富性是传统产品无法比拟的。与传统相比，红柳的数码印花工艺简化了。相对之前的30多道工序，简化为4个步骤，花型周转速度也变得更加快捷，效率更高，但花型色彩反而更加丰富，层次过渡自然。

目前，红柳拥有授权发明专利5项，实用新型专利12项，外观设计专利50余项，参与制定行业标准1项，并连续14年获得国际环保纺织协会（OEKO-TEX®Association）颁发的OEKO-TEX®Standard100“绿色环保纺织品标准证书”。

近年来，红柳集团持续在面料绿色环保、功能性、实用性等方面加大研发投入，用再生的概念和原料赋予面料绿色环保的价值。在生产端做好柔性的供应链，公司也在服务客户方面不断发力，通过优化服务，擦亮品牌底色。借助新媒体、电商平台，公司转变营销方式，让更多的年轻人了解品牌背后的故事，了解企业文化。

无论是产品升级还是品牌升级，都是红柳在新时代潮流中的奋进，但始终不变的是红柳集团对品质的坚守。打造科技、健康家纺，品质依旧是前提，为此公司推行全面质量管理，从源头到售后，从检测到预防，强化对前后端、上下游供应链的整合管理，实行全产业链管控，以保证家纺产品的品质。

多年来，红柳集团一直将匠心品质放在首位，从原料到成品严格把关，并通过科技创新，走在了传统家纺品牌向科技家纺品牌转型的前列。做好品牌管理和产品质量管理，已经成为红柳集团的自觉行为。红柳将秉承“低成本、好产品，为世界人民创造价值”的发展理念，引领国内市场，面向国际市场，在双循环的生态链中发挥优势，让红柳的产品走向世界，做到有床的地方就有红柳。相信在不久的将来，红柳集团会继续紧跟时代步伐，深耕主业，开拓创新，不断推动行业的高质量发展。

中通服设计院

智慧“蝶变”开启品牌新篇

诞生于 20 世纪 60 年代的中通服咨询设计研究院有限公司（以下简称中通服设计院），近年来在智慧城市、数字经济领域动作频频。在中通服设计院的规划里，“建造智慧社会，助推数字经济，服务美好生活”是企业不变的使命，也是企业品牌始终贯彻的原则。

筑梦卓越打造“新一代综合智慧服务商”

中通服设计院成立于1963年（前身“江苏省邮电规划设计院有限责任公司”），系致力于通信、建筑、信息化、电力、节能环保的咨询、设计、研究与实施的国家级重点高新技术企业，国家发改委认定的国家企业技术中心，综合实力持续位居全国同行业前列。中通服设计院作为中国通信服务公司战略核心单元，是国家住房和城乡建设部、国家工业和信息化部等政府部门国家标准和行业标准制定单位之一，也是通信运营商集团总部主要技术支撑单位。中通服设计院以“成为国内一流、国际有影响力的新一代综合智慧服务商”为愿景，秉承“满足客户需求、创造客户商机、超越客户期望、成就客户事业”的经营理念，多年来潜心传承智慧网络，创意与灵感构建无穷想象。随着智慧城市的建设发展，中通服设计院定位于“新一代综合智慧服务商”，以中国通服智慧城市工程院为载体，完成一批在国内有影响力的智慧城市项目，智慧城市总承包建设能力处于国内领先地位。

据中通服设计院党委书记、总经理朱强介绍，中通服设计院主营业务为咨询+、通信、建筑、信息化、节能环保这5大板块。

“咨询+”为中通服设计院的优势业务，以数字中国建设整体布局规划为指引，发挥高端咨询价值引领，充分利用5G、大数据、物联网、人工智能、区块链、数字孪生等新技术，开展融合技术的应用，成为数字中国、运营商全过程、环境保护全过程三大领域的“咨询+EPC”一体化解决方案提供商。

在通信业务方面，中通服设计院为各大运营商和垂直行业客户，提供通信网络的规划、设计、施工、运维等“全生命周期服务”，构建全方位的“信息生态系统”，实现“一念天地、万物随心”的智能互联世界。

信息化业务目前占到公司整体营收的35%左右。中通服设计院紧跟数字中国国家战略，以新技术赋能，以新产品引领，助推数字化转型发展，成为国内一流、国际有影响力、提供从规划咨询到设计、从产品研发到服务的一体化智慧业务解决方案先锋者。以高端咨询设计为引领，通过数据平台及软件开发，致力于为客户提供智慧城市综合解决方案及信息运营服务。

建筑业务一直以来也是中通服设计院的重要业务板块，面对产业发展新趋势，公司以新一代信息技术为引领，持续推动绿色建筑技术、智慧建筑技术、装配式建筑技术深度融合与集成创新，深化建筑全生命周期数字孪生技术应用，已成长为智慧城市建设运营管理服务商。

为主动响应国家“双碳”战略，中通服设计院还不断加大节能环保业务的拓展力度。以基站检测、电力环保、节能环保综合服务为核心，实现节能环保业务多元化；融合公司咨询、设计、集成等能力，提高专业技术和服务支撑能力，成为各细分领域的专业化、一站式服务提供商和绿色低碳践行者。

转型跨越通信业巨头，投身信息化浪潮

数字经济正在席卷全球并广泛深入地影响着产业格局。作为传统咨询设计企业，中通服设计院顺应时代，充分运用实时信息、计算、网络和连接技术的组合，谋求更高效率、更好效果的新型管理模式，推动企业数字化转型和智能化改造。

近年来，中通服设计院持续深耕新基建、数字中国、智慧社会领域，坚持以客户为中心，立足江苏，辐射全国，陆续承担包括长三角、粤港澳、京津冀、大西部等全国区域内多项大型标杆项目。目前，已拥有深圳国际会展中心（全球最大会展中心智能化总包）、国家会议

中心（北京冬奥会主媒体中心）、北京温榆河智慧公园（首都最大“绿肺”）、智慧南京（全国首个特大型城市级智慧城市）、智慧前海（全国首个体系最全智慧城市解决方案）等上百项国内外各级数字中国“咨询+EPC”实践案例，以及北京大兴机场5G网络规划设计、中国电信南京吉山数据中心EPC、印度尼西亚Cyber-CS总包（Google东南亚最大的数据中心）、中国电信苏州太湖国际信息中心机电项目（长三角枢纽节点一体化集群重点项目、区域级算力中心）等多项数字基建标杆项目。

从中国通信信息服务业的“先行者”，到新基建的“国家队”，数字中国建设的“主力军”，中通服设计院在发展壮大的同时，也逐渐实现了转型跨越。

质量为先，以匠心铸造领军品牌

中通服设计院于2016年导入卓越绩效管理模式，扎实推动高质量发展，自创以阿米巴经营(Amoeba)为基石、3I战略体系为导向、4I管理为路径的AI²卓越绩效管理模式，践行卓越绩效管理，成效显著，先后获南京市市长质量奖、江苏省省长质量奖、江苏精品、江苏省企业管理现代化创新成果一等奖、全国企业管理现代化创新成果二等奖等。

自2018年起，中通服设计院设立“首席质量官”。“公司设立首席质量官之后，就有了明确的组织架构来制定质量发展战略，分解重点任务，并定期对相关指标进行监测，可以说是由高层整体协调各种资源推动高质量发展。”

中通服设计院连续12年被评为全国文明单位，连续22年被评为江苏省文明单位，获得国家级守合同重信用企业、全国企业文化优秀成果奖、全国勘察设计行业创新型优秀企业、江苏省AAA级信誉单位、江苏省质量管理优秀企业、江苏省服务业名牌、江苏省文明标兵、江苏省管理创新示范企业、江苏省服务业创新示范企业、江苏省科学技术奖、江苏省用户服务满意明星企业、江苏省五一劳动奖状等200余个省级以上荣誉称号。

荣誉背后，是卓越的匠心，更是对质量的坚守，也是企业品牌建设历程中的一个个印证。

文化聚力，为高质量发展蓄势赋能

中通服设计院深知创新驱动实质是人才驱动，树立了“以奋斗者为本的家文化”，打造了一支超能的人才队伍，享受国务院政府特殊津贴、国家级注册资质、集团级专家等人数排名行业第一。中通服设计打造“智”存高远的党建品牌，坚持党建在企业发展中的核心地位，以“智慧”铺路，智守初心、智承匠心、智领创新，绘就新一代综合智慧服务商新蓝图；中通服设计院还高度重视青年人才发展培养，以“新·悦·成·服”团委品牌为特色，以“科技”“联接”“服务”三条脉络为主线，以五大“青春工程”为抓手，助力青年员工成长，取得积极成效；另外，中通服设计院还推出“智”同道“和”的工会品牌，以“工会智慧”打造“智慧工会”，关心关爱关怀员工，提升员工的幸福感和归属感。

2023年是中通服设计院成立60周年，公司将秉承60年深厚积淀，不断追求创新卓越，以更好地回报员工、回报客户、回报社会。

浩渺行无极，扬帆但信风。迈上新征程，中通服设计院将在数字经济发展浪潮中继续敢为、敢闯、敢干、敢首创，埋头苦干，团结奋斗，书写新时代高质量发展新篇章，为数字中国建设贡献力量。

绿健乳业

百年绿健
品质传奇

乳品是实现“健康饮食，营养均衡”的核心途径之一，而对于消费者来说，牛奶的品质与营养价值同等重要。在群雄逐鹿的奶业江湖中，作为区域性城市型乳制品龙头企业的绿健乳业始终坚持品质至上，牢牢树立“质量就是生命”的质量价值观，将“优质”“安全”注入企业发展根基，不断夯实质量基石，一丝不苟抓好“从牧场到餐桌”全产业链环节质量管控，始终以新鲜、营养、安全的高品质乳品助力国民身体健康！

百年征程，缔造品牌传奇

在徐州，绿健品牌是陪伴了至少四代徐州人的家喻户晓的百年乳企。历经百年风雨，铸就百年辉煌，它始终以高品质的乳品助力徐州百姓身体健康！

回溯百年，绿健创立伊始还有一段源于5头奶牛的乳业佳话。1923年，绿健创始人尹学聪全家迁至开封，在济汴中学做教员兼牧师，与之共事的加拿大牧师回国前将喂养的5头奶牛托付给尹学聪喂养，期间尹学聪将全部所得如实寄予加拿大牧师。后来牧师寄信告知不再返回并决定将奶牛全部赠予他，但尹学聪坚持将奶牛价款悉数寄给了牧师，并于1925年在徐州三马路成立了徐州第一家私营奶牛场——泰康牛乳场，由此开启了绿健横跨百年的传奇征程。

在这百年发展历程中，绿健乳业先后经历了民族产业时期的积贫积弱，战火洗礼后投入社会主义工商业改造的怀抱，随着国家经济体系的建立完成了计划经济向市场经济的转变，又在国企改革的浪潮中涅槃重生，逐步建立了现代企业制度。在每一段历史时期绿健都淬炼了具有鲜明时代特征的企业文化，逐渐觉醒、培育和发展了独具特色的品牌文化，巩固、延续并拓展了不断创新的发展模式。作为产、加、销一体化乳品企业，绿健始终致力于产品和服务的不断提升，以调优民众膳食营养为己任，做健康生活方式的引领者。同时，绿健作为中国低温鲜奶的倡导者和实践者，始终致力于中国奶业“新鲜”价值探索和推进区域奶业高质量发展，保鲜奶市场占有率连续30余年稳居同行业首位，被誉为“中国地方乳业的楷模”。

时光荏苒，历经百年间各个时期全体绿健人的接续奋斗和诚信经营，绿健这艘乳业巨轮乘风破浪、急流勇进，2022年新年伊始，绿健乳业智能制造转型升级项目“绿健棠张现代化乳品加工基地”落成投产，标志着绿健乳业再次跃上新平台，奋进新征程！

专注打造极致优鲜品质

特殊的地理位置，为企业发展打下良好的基础。因为企业所在地徐州地处苏鲁豫皖四省交界，绿健牛奶的主要市场就是覆盖以徐州为中心，半径大概200公里以内。客户订单以当天生产、当天配送的低温鲜奶为主，每天的供应量接近100万瓶。绿健乳业作为低温鲜奶的倡导者和实践者，区域奶业鲜奶份额领先的百年乳企，依托奶源、工艺、科研、冷链的多维领“鲜”，高效促进新鲜与产业的有机融合，不断强化本地奶业“新鲜”价值探索，打造全产业链新鲜保障的核心优势，为区域奶业注入非凡强大的“新鲜”动能。

可以说，老百姓选择绿健，与绿健乳品的纯正口感、鲜活营养和卓越品质息息相关。“最适合当地的才是最好的。”绿健董事长徐化春表示。

产品品质是发展的根基，食品安全是底线。绿健乳业坚持规模化、标准化，建立了一整套的从源头到餐桌的品质保障机制。绿健乳品令人难忘的醇厚奶香味道和新鲜品质，来自企业对于食品安全和质量的把控。从饲料、奶源、加工、检测、配送五个关键环节层层把关，严控产品质量，铸牢安全防线。同时，绿健乳业通过积极建设数字化、智能化平台，不断优化产品和服务质量。正是企业一丝不苟抓好全产业链环节质量管控，不断提高质量效益和区域乳品竞争力，发挥本地奶“新鲜”优势，才造就了绿健牛奶的放心品质，从而赢得了广大消费者的信赖和支持。

“牛吃的东西是健康的，才能定义健康。品牌建设打造的就是放心奶，牛奶均采用机械化挤奶，饲料草料由专业机构定制配方。”从细节中，可见绿健乳业之用心。

历经百年岁月变迁的绿健乳业，依然备受老百姓的欢迎。原因在于绿健乳业始终坚持“以消费者为中心”，坚持当好优质产品的生产者、优享服务的提供者和优鲜生活的营造者，以高品质的健康产品和服务满足全年龄段、各圈层、各场景消费者的需求，全方位实现“消费者价值领先”目标，使企业获得了滚动式发展，也使绿健品牌在徐州老百姓心中根深蒂固，无可撼动。

匠心铸就醇厚百年品牌

争创百年乳业品牌的过程，也是绿健乳业产品品质、服务和营销不断提升的过程。相较于伊利、蒙牛等头部乳企，绿健深耕区域市场，借助低温产品优势，夯实高质发展基础。公司注重网格化推广，“扩圆心、延半径”，积极推进全渠道战略布局，强渠道黏性构筑区域品牌力。一方面，持续夯实原有渠道优势，挖掘渠道潜力；另一方面，积极开拓新兴渠道，持续释放市场消费潜力。全渠道布局的优势让绿健的高品质产品触手可及，赢得无数消费者认可和信赖。绿健的市场也因此保持着稳中向好、稳中提质、稳中求进的增长态势，品牌价值和市场拉动力在区域内不断增强，成为助力区域奶业全面振兴和高质量发展的典范。

国内的乳业江湖在20世纪90年代曾经历过高速增长阶段，现阶段行业饱和度较高，同质化严重。如何在竞争激烈的乳业江湖中杀出重围，打开新的局面？绿健乳业以高品质产品为消费者带来极致体验的同时，深刻关注细分群体诉求，在产品功能分类、创新研发、包装设计等方面加强与科研院所合作，创新研发特色品类，解锁差异化发展机遇，优化产品结构，用多元化的丰富产品满足消费者对乳制品的多样化、个性化需求，最终助力市场精耕横拓。

为了给当下消费者带来极致新鲜、安心、满意的消费体验，绿健乳业在品质上追求卓越、在营销上变革创新、在服务上完善提升，让品质好奶被更多人选择。多年来，公司先后被授予“中国乳制品行业优秀企业”“全国优秀乳品加工企业”“全国农产品加工业示范企业”“全国奶牛养殖示范场”“全国食品工业优秀龙头食品企业”“中国奶业最具影响力品牌企业”“中国乳业高质量发展企业”等荣誉称号。这些荣誉的背后，是绿健乳业以“追求零缺陷的极致管理与用户体验”为质量理念，对全产业链严格要求和严苛管控，坚持不断优化全产业链各环节，用心打造绿健品质的坚守，彰显绿健乳业作为百年乳企的过硬实力、浑厚积淀和使命担当。

百年绿健，品质传奇。栉风沐雨一百年，百年躬耕不辍，初心如磐。百年卓越发展之路上，心在人民，志在奉献，保障人民喝上一杯真正的好牛奶，是绿健矢志不渝的初心与使命，更是百年品牌的襟怀和担当。跨越百年，绿健乳业仍将坚持以“打造优质乳品引领健康生活”为己任，坚守百年匠心，以2022年落成投产的绿健新乳品加工基地为堡垒，凭借设备迭代、工艺优化、智能制造、数字管理和服务升级，深度践行从“牧场到餐桌”全产业链质量保障，为广大消费者提供更多新鲜、营养、安全的高品质乳品，并不遗余力地朝着“做中国乳业鲜奶市场王牌”的企业愿景砥砺前行！努力为推动中国乳业高质量发展贡献绿健力量！

洋河

用中国的文化
承载世界的品牌

作为中国最大的白酒生产企业之一，洋河有着深厚的历史底蕴和辉煌的品牌历程，从老牌名酒到核心竞争力凸显的龙头企业，洋河凭借着产品品质、创新思维、市场布局、品牌建设等在国内市场取得了优异的成绩，同时也在走向国际市场的道路上迈出了坚实的步伐，不断刷新着中国白酒的新高度。

传统与创新：从名酒基因中发掘新机遇

白酒作为中国传统文化中的重要一环，在市场竞争中一直占据一席之位，而要让中国白酒稳坐巅峰，传统与创新并重必不可少，中国白酒产业需要不断地挖掘文化精髓，对传统工艺技术进行拓展和升级，实现白酒文化的传承与更新换代。

洋河酿酒始于汉，兴于隋唐，至明清隆盛，自古有“福泉酒海清香美，味占江南第一家”之称。在洋河股份成立之初，老牌名酒基因在市场上优势尽显。1979年，在有着“中国评酒史上的里程碑”意义的第三届全国评酒会上，洋河大曲以总分第一的成绩荣获“中国名酒”称号，并在此后第四届和第五届全国评酒会上，蝉联中国名酒“三连冠”，成为满载着荣耀的国家名酒符号。

然而，到20世纪90年代末，洋河自身的产品线逐渐趋于老化，一度陷入低谷，彼时洋河积极寻求工艺技术的革新和商业模式的创新，提出了绵柔型白酒的创见。2003年，洋河蓝色经典的横空出世，力挽狂澜，扭转了局面，改写了中国酒业格局。洋河以“绵柔”为特色，打破了人们对白酒“辛辣刺激”的刻板印象，提高了消费者对白酒的舒适体验。“2023中国上市公司品牌价值榜”显示，洋河股份连续七年荣列总榜TOP100，品牌价值高达933亿元，位居白酒行业前三。

科技的创新与进步是赢得未来的关键。洋河的华丽转身印证了中国白酒也需要不断进行技术创新、研发创新和品牌创新，持续提升消费者体验和产品附加值。作为“绵柔品质”的缔造者，洋河一直把全力推进“品质革命”作为战略核心，把“风味、健康、智慧”作为科技创新导向，持续开展核心技术、前沿引领技术、现代工程技术等项目研究，力求在白酒风味物质体系、白酒健康、智慧化酿造等绵柔品质上取得革命性突破。

作为中国白酒科技创新的领军企业，洋河科研成果一直在酒业发挥着支撑和引领作用。近年来，洋河与清华大学、北京大学、南京大学、浙江大学等国内知名高校合作，建立了中国工程院院士工作站、国家级博士后工作站、中国白酒健康研究院等十大研发平台，并培养出一支技术“梦之队”。

作为“名酒品质的引领者、名酒工艺的坚守者、名酒文化的传承者”，洋河一直聚焦名酒复兴的价值路径，坚定推进“双名酒、多品牌、多品类、全渠道”发展战略，在传统和创新的融合中，一直以极致绵柔引领消费潮流，在传承中创新、在创新中发展，坚持发挥龙头企业的引领示范作用，不断发掘新的机遇，成为中国名酒的旗帜和标杆。

挑战与机遇：打破白酒国际壁垒的先行者

洋河的国际化之路始于20世纪90年代，当时洋河“飞天”酒就已远销海外。随着中国经济的腾飞，洋河也开始向更广阔的市场进军。随着国家“一带一路”倡议的不断推进，洋河走出国门，飘香海外的脚步也越来越坚定。目前，洋河产品已经踏足6大洲，进入了欧洲、北美、亚洲等近百个国家和地区，备受全球消费者的喜爱和认可，成为中国白酒在国际市场上的代表。

洋河梦之蓝以其绵柔内敛的品质特征，在白酒市场上独树一帜。“绵柔”成长为一个具有全球知名度和影响力的白酒品质符号，成为代表中国白酒的品质“IP”。作为中国白酒品质创新和文化创新的标杆性产品，洋河股份肩负着“弘扬中华传统文化，让中国文化走向世界”的责任，积极参与和推动各国人民之间的文化交流。近年来，洋河股份以酒为媒，频频亮相“G20杭州峰会”“世界互联网大会”“‘一带一路’国际合作高峰论坛”“上合组织青岛峰会”“读懂中国”国际会议等。

洋河在北美、欧洲、澳大利亚等地设立分销中心，建立品牌形象，推广各档次洋河酒。其全球化的布局，不仅以全球视野积极开拓海外市场，更在国际市场上展现了中国白酒的风貌和魅力，不断推进“走出去”和“引进来”的双向发展。多年来，洋河股份连续位居“世界烈酒品牌价值榜”前三，成为中国白酒行业的佼佼者。

在走向国际市场的过程中，洋河也遇到了很多挑战。不同国家和地区的文化差异影响着消费者需求，洋河在营销策略上注重文化差异化；对于解决国际市场上的品牌认知和信任问题，洋河加大了品牌宣传和推广力度，积极参加各种国际展览和活动，通过产品展示、文化传播等方式融入国际市场，提升品牌在国际市场上的知名度和美誉度。

洋河一直在打破白酒国际壁垒的道路上担当着先行者和探路者的重任，随着中国经济的不断发展和全球市场的不断扩张，洋河也将继续走向更广阔的市场，成为中国白酒在国际市场上的代表之一。

梦想与跨越：从中国品牌梦到世界品牌梦

当今时代，全球化战略布局持续推进，国际化消费浪潮加速前进，百年未有之大变局不断演进，全方位推动着中国品牌乘风破浪、扬帆出海，从制造到创造，从跟跑到领跑，中国品牌日新月异，不断树立新口碑、新形象。洋河与家国大事同行，讲好中国白酒故事，传播中国酒文化，向世界舞台传递梦想之光。洋河股份党委书记、董事长张联东强调，要将“融入局、走出去、请进来”有机结合起来，推动“中国品牌”阔步走向“世界品牌”。

作为企业精神面貌展示的核心窗口和文化图腾，洋河抢占了“梦想”这个情感制高点，深耕品牌文化，形成了独树一帜而又富有共情的“梦想文化”。经过长久的历史沉淀，“梦想文化”已经融入三万洋河人的血脉基因，成为洋河企业文化的灵魂和符号，是洋河人的情怀和精神信仰所在。

洋河一直践行着“领先领头领一行，报国报民报一方”的企业精神，“梦想文化”更是指引着洋河厚植家国情怀，勇担社会责任，共筑时代梦想。随着洋河自身的持续发展，以及中国酒文化的推进，“梦想文化”有了更加清晰的内涵定位，以及更加丰富的表达渠道。洋河股份党委书记、董事长张联东提出，洋河因梦而生，因梦而名，“梦想文化”是洋河企业文化的灵魂和符号。洋河将以向善的基因和向上的精神，将强烈的家国情怀、强大的社会责任、远大的使命愿景，融入“梦想洋河”的一举一动之中。

在数改智转的趋势之下，洋河率先确定了“数字洋河，智创未来”的战略愿景，从生产、资源、营销、平台、消费等多方面切入，探索出了一条符合自身特征和发展特色的“智慧路径”，洋河正创造着企业“二次腾飞”的“第二曲线”。

洋河的品牌发展历程呈现出从中国品牌梦到世界品牌梦的发展路径，在梦想文化的指引下，洋河将会继续推进年轻化市场布局，积极发扬“敢为、敢闯、敢干、敢首创”的精神，向“年轻化、时尚化，低度化、舒适化，多元化、国际化”转型，实现向更高质量、更可持续、更加健康的发展，实现世界品牌梦。

太湖雪

以千年丝绸之美
诠释中国品牌

丝绸之美，流动千年，蚕丝织就了吴江地区自古以来的富庶与如今的迅速发展。太湖雪诞生于千年古镇震泽，这里因水而成市，缘丝而聚商，江南文化浸润了这个独具苏韵的丝绸品牌，而今，它用匠心致敬丝绸，以千年丝绸之美诠释中国品牌。

我为“丝”狂，匠心筑路，创新为王

世界丝绸看中国。中国是蚕桑的原产地，素有“东方丝国”的美称，蚕桑丝绸文化是中华文明的重要组成部分，至今已有5000多年历史。丝绸产业作为我国传统产业，有着独特的魅力和丰富的文化内涵。

苏州是丝绸的故乡，太湖雪的创始人胡毓芳生于江南，长于江南，这片土地潜移默化地熏陶了她对丝绸的痴迷。2002年，胡毓芳辞去小学教职，怀着对丝绸纯挚的热爱，一头扎进了蚕丝被的生产中。2006年，她在苏州市震泽镇创立了“太湖雪”品牌，开启了“用丝绸改变生活”的发展之路。

胡毓芳不甘心只做蚕丝被的代工，认为只有打造属于自己的丝绸品牌，才能走得更高更远，才能更好地将中国品牌向全球输出。在新消费、新国货、新零售的背景下，胡毓芳致力于弘扬中华丝绸文化，获得了全国劳动模范、全国三八红旗手、纺织工业部劳动模范、教育部科技进步二等奖、中国女企业家协会“杰出创业女性”等荣誉称号，这些奖项如同她拼搏和奋斗的足迹，见证着她无畏的决心和卓越的成就。

太湖雪一直秉持“传承和创新中华丝绸文化为使命，致力于发展成为以蚕丝被为核心的国货丝绸领导品牌”的品牌内涵主张，致力于将丝绸融入生活，以优质丝绸产品来美化家居空间、营造舒适体验、提升生活品质。如今，太湖雪已成为市场上具备一定行业知名度的苏州丝绸代表品牌，形成了蚕丝被、床品套件、丝绸饰品、丝绸服饰四大产品系列，太湖雪不断挖掘江南文化内涵，开发出百余个真丝家纺品种，集成苏绣、缂丝、宋锦等丝绸工艺，以其独特的魅力征服了消费者。

2022年，公司登陆北京证券交易所，成为新国货丝绸第一股。太湖雪先后荣获高新技术企业、国家级服务型制造示范企业、全国科技型中小企业、国家版权示范单位、江苏民营文化企业30强、江苏省农业产业化龙头企业、江苏省重点文化科技企业、江苏省电子商务示范企业、江苏省专精特新中小企业等荣誉称号；产品荣获江苏精品、中国绿色产品、高档丝绸标志等认证。

太湖雪始终专注于蚕丝被工艺与技术的创新。截至2022年12月31日，累计发明专利3件，实用新型专利80件，著作版权2177件，申请已受理发明专利5件，实用新型专利7件。同时公司积极参与起草国家标准5项、行业标准3项、团体标准2项，这10项标准的颁布实施为行业的健康良性发展提供了坚实的基石。

科技养蚕，迈向高质量发展

毋庸置疑，高质量的丝绸产品得益于优质的原材料。“如果把丝绸产业比作一棵桑树，种桑养蚕就是树根。”胡毓芳表示，现在太湖雪正致力于保护好蚕桑的“根”，用科学养蚕留好丝绸的“根”，再现古镇千亩桑田的胜景。

“恢复蚕桑生态，给苏州丝绸留下一缕文脉。”目前，太湖雪拥有100亩果桑园、1000亩叶桑园、4000平方米蚕桑文化园、10000平方米丝绸工厂，实现“农业种植+养殖业+丝绸制品生产制造+文化旅游”的跨界融合，以“公司+农户+基地”的形式，带动当地农户重拾种桑养蚕的传统文化生活。

在胡毓芳刚创业的时候，蚕桑生产的机械率仅有5%，产量受限，产业严重萎缩。幸运的是，胡毓芳遇到一群志同道合的年轻人，共同探索标准化、机械化、智能化的蚕桑产业高效发展之路。娇嫩的蚕宝宝怕冷怕热又怕干，对于生长条件的要求极为苛刻，太湖雪基地建成了6间智能小蚕共育室、28个智能大蚕房，遍布传感器、监测仪等智能装备，基本实现自动调节温度、湿度、二氧化碳浓度和光照强度，极大程度上保障了优质蚕丝的源头。

在胡毓芳心目中，要让传统丝绸文化生生不息，就要在传承中创新。她遍访高校、科研院所，通过与大学及科研机构合作，探索优质蚕品种改良及规模化饲养、蚕桑生态安全种养技术等研发，突破自然条件的束缚，从而推动种桑养蚕产业升级。

目前，黄金茧、彩色茧、双宫茧、多层茧等新品蚕种正在迅速崭露头角，其中，一些新品种已经实现了规模化养殖，而另一些则正在试养阶段。胡毓芳坚信："新品种一定能带来新局面，这些新品种优势明显，产量高，蚕丝品质好，氨基酸含量更高，用彩色茧丝做文创产品，更受游客欢迎。"

太湖雪的成功也离不开政府的政策扶持，太湖雪工厂所在地震泽镇是全国著名的蚕桑基地，千年古镇震泽牢牢把握住丝绸文化的核心，打造了中国首个特色丝绸小镇，聚合丝绸产业链，挖掘蚕丝文化基因，丰富丝绸文旅服务链，用一根丝链接了文商旅农的融合发展。

坐落在这里的太湖雪桑蚕文化园，为慕名而来的中外游客展示蚕丝被芯的传统和现代制作工艺，源源不断地传递着非遗桑蚕文化，除此之外，还给小朋友设计了桑蚕文化课、蚕茧文创课程，大力弘扬丝绸文化。

在一根蚕丝上的执着，胡毓芳不仅成就了企业和品牌，也引领和推动了震泽蚕丝产业成为兴农产业和富民产业，逐步形成了金花领衔、小花跟随、百花齐放，年产值达20亿元的产业集群，带动2万农民增收致富。

开辟销售新渠道，做电商的逆袭者

智慧的加持使得太湖雪的养蚕效率提高了整整300%，同时也使得产出的效益翻了一番。蚕桑的充足供给为丝绸产品的深加工和销售提供了坚实的基础。而在养殖的另一端，太湖雪积极拥抱互联网时代的发展红利，腾身于“云端”，在电子商务领域持续发力。

早在2009年，太湖雪就着手搭建企业电子商务团队，从售前到售后，所有环节都由公司团队完成。及早站在云端的风口上，太湖雪抢占了宝贵的先机。2016年，太湖雪成功完成了“天猫+京东”的电商战略布局，成为蚕丝被细分类目在天猫排名第二，在京东排名第一的农产品电商企业；2019年，农产品销售额首次突破1亿元，占全部销售额的45%；2020年，通过与网络头部主播合作，太湖雪创造了8分钟销售1300万元的“爆仓”战绩，全年电子商务销售额更是高达1.2亿元。

太湖雪聚焦“微笑曲线”两端的业务发展模式，即专注产品研发设计、品牌推广、渠道建设和销售服务等附加值较高的业务链上游的核心环节，辅之柔性供应链管理及数字化运营，提高整体运营效率。

太湖雪应用互联网思维，建设了线上与线下、境内与境外双轮并举立体式销售模式。在国内线下渠道，太湖雪不仅持续增加直营门店并提升门店运营质量，还积极创新新零售模式，通过视频号直播、短视频、小程序和快闪店等形式扩大公共领域的流量，并培育私域流量，加速线上线下的融合发展。在国内线上市场，太湖雪利用在蚕丝被品类上的运营优势，扩大全系列产品在线上渠道的品牌影响力和销量。在海外市场，太湖雪采用了“中国制造+品牌出海”的战略，不断加强对平台电商和海外官网的发展布局，构建全球性社交媒体矩阵，触达海外消费者，提升品牌的知名度和美誉度。太湖雪凭借其互联网化的运营理念和创新的销售模式，不仅在国内市场取得了可喜的成绩，也在国际市场上声名远扬。

在国际化的竞争中，中国消费品牌只有更加深入地挖掘中国优秀历史文化，才能以更高纬度的差异化和品牌势能在全球品牌中独树一帜。未来，太湖雪将密切关注市场消费和审美变化，秉持“用丝绸改变生活”的理念，通过新媒体和传统媒体的结合，多维度跨界合作，重点打造具有太湖雪品牌标签化的品牌系列传播，沉淀太湖雪品牌风格和视觉元素，统一太湖雪视觉锤。胡毓芳表示，未来太湖雪将一如既往，用匠心精神精耕细作，把桑蚕文化输入到更多人的认知中，把太湖雪品牌慢慢渗透到不同城市和国家。

CHAPTER
TWO

品质是品牌之根基

远东控股

质量第一
品牌第一

在远东控股集团 38 年的创新发展历程中，“追求极致的产品和服务”这一核心理念始终引领着企业发展的方向。面对时代的发展洪流，远东以超凡的决心和勇气，凭借领先的研发实力和服务技术，不断突破自我、超越期待。

公司连续17年上榜“中国企业500强”“中国民营企业500强”，是“中国最佳雇主企业”。目前公司年营业收入近500亿元，品牌价值1018.66亿元，居全球行业第一，员工近10000人。旗下的远东智慧能源股份有限公司（简称：远东股份，股票代码600869），秉持“创造价值，服务社会”的使命，聚焦智能缆网、智能电池、智慧机场三大业务，致力成为全球领先的智慧能源、智慧城市服务商。

坚持质量至上，成就龙头品牌

远东控股集团旗下的智能缆网产业，荣获了行业内首个全国质量奖、全国质量标杆、全球线缆产业最具竞争力前十强……在近40年的发展路上，远东始终将质量作为“生命线”，这也是成就行业龙头品牌的关键。

纵观远东电缆产业的发展史，也是一部电缆行业奋斗史，更是一部中国经济发展的缩影。在这个过程中，远东电缆凭借其卓越的技术、严格的管理和过硬的品牌质量，逐渐成为了全球领先的电缆企业之一。近年来，电线电缆“非标”乱象被央视曝光，劣质电缆的质量问题严重影响了电力传输的安全性和稳定性，给社会安全、环保和健康等带来了重大隐患。为了发挥行业龙头的使命担当，远东积极响应，成为业内首个发布质量承诺书的企业，进一步坚定电力设备行业高质量发展的态度和决心。

从最初的创业阶段，到现在的产业领导者，远东电缆的每一步都充满了挑战和奋斗。在几十年的发展中，远东电缆逐渐形成了强大的技术研发能力和生产制造能力，并不断推出应用于各类工程项目的高品质电缆产品。远东自主研发新产品、新技术，一次次打破国外技术垄断，大胆提出解决方案推动行业发展，凭借过硬实力在一项项国之重器中留下“远东”烙印。

从白鹤滩水电站到北京地标中国尊，从隔壁沙滩到金融中心，无论是最先进的智能电网建设，还是最高端的数据中心建设，无论是城市地铁还是大型风电项目，上天入地的远东电缆的产品身影无处不在。

拓宽能源赛道，海外储能不断实现突破

在“双碳”目标推动下，新能源装机持续快速增加。大规模新能源发电接入电网，电力系统运行中的调峰资源不足情况进一步加剧，电力系统安全稳定运行压力持续上升。在这一背景下，加快抽水蓄能、电化学储能等各类储能发展成为行业转型升级的必然要求，储能是构建新型电力系统的重要技术和基础装备。

远东股份旗下子公司远东电池截至目前已建立包含便携式移动电源产品、户用储能产品、工商业储能产品、大型储能系统产品等多元化的产品矩阵，满足多元化场景应用。远东电池的高压堆叠式、低压壁挂式等系列户储产品，已持续爆火欧洲等海外用户侧市场。在深耕海外市场的同时，远东电池同步发力国内储能市场，从安全性、系统效率、使用寿命、度电成本等维度出发，针对工商业储能市场开发了高安全、高可靠、标准化的系列产品。

在全球产业升级转型与净零碳排放的大趋势下，太阳能电池、锂电池、电动载人汽车等“新三样”，正逐步替代以往的服装、家电、家具等外贸出口“老三样”。今年上半年，江苏“新三样”出口总额超千亿元，同比增长29.6%。就在前不久，远东电池就有一批锂电池产品出口销往欧洲市场。

聚焦细分市场，智慧机场业务领跑行业

目前，我国航空服务网络已覆盖全国92%的地级行政单元、

88%的人口、93%的经济总量。快速增长的规模极大地凸显了民航业在国家重大战略中的牵引和支撑作用，为我国建设民航强国提供了强有力保障。

远东股份旗下子公司北京京航安机场工程有限公司(简称:京航安)致力于成为全球领先的智慧机场服务商，始终把科技创新摆在企业发展的核心位置，持续加大科技创新投入，加快创新效能释放，推动创新成果转化，把创新主动权、发展主动权牢牢掌握在自己手中，成为民航强国建设路上不可或缺的中坚力量。

京航安持有机场目视助航工程专业承包壹级、空管工程及弱电系统工程专业承包壹级等专业资质，是机场专业工程科技建设领域的领军企业之一。截至2023年9月，京航安累计承建了国内外160多个机场的近700个项目。

未来是品质、品牌的时代，远东将继续认真做好品牌、提升产品和服务品质，推动企业高质量发展，与时代同频共振。

江苏乾宝生物

靠品质叫响“湖羊”品牌

在江苏，有一家在业内享有盛誉的规模化、现代化的肉羊育种的企业，它就是江苏乾宝生物牧业有限公司。多年来，这家企业联合科研院校、研发机构，以科技为引领，以种业为核心，着力打造湖羊种业“硅谷”，努力走出一条湖羊全产业链发展之路。

转型培育湖羊育种

湖羊是我国特有的优质绵羊品种，至今已有800多年历史，因身大健硕、生长快速、耐寒耐热耐粗饲、繁殖力强、肉质鲜嫩，不柴不膻而著称。

走进乾宝生物科技牧业公司的养殖基地，首先映入眼帘的是一尊四羊方尊青铜雕塑，1000多亩的生态园里，秩序井然地分布着150幢标准化羊舍、饲料加工厂、种羊繁育基地、有机肥公司，处处都是绿色、环保的生产环境。在种羊繁育场内，每一只羊的耳朵都会安装智能芯片，在区块链平台上链，确保羊的来源可追溯。整个养殖场里实现了自动清粪、自动卷帘、自动消毒、自动撒料、自动饮水，确保每一只种羊的生长全程标准化。

“乾宝牧业项目占地1080亩，总投资5亿元。”企业负责人王跃程介绍，企业的前身是一家做园林景观绿化设计和施工的房地产企业，2014年企业转型的时候，正是看到国家大力倡导“北牧南移”和“粮改饲”农牧业的发展方向，当即决定选择湖羊这一国家畜牧业的战略资源进行育种攻关。

转型遇到的第一个困难就是如何深入了解湖羊育种产业，同时相应的人才队伍建设也是一道难题。为此，乾宝牧业联合中科院和中国农业科学院及全国10家知名科研院校对湖羊进行了提纯复壮和新品系培育，从规模化养殖入手，逐渐推进标准化、集约化和智能信息化。通过提高湖羊育种的标准化、集约化和智能信息化，实现资源有效配置。

为提升湖羊育种水平，乾宝生物与中国科学院、新西兰梅西大学等多家科研院所开展产学研深度合作，弘扬品质，打造湖羊全产业链。目前已创建湖羊产业科技教学培训基地，创建我国首个大型湖羊核心种场，创立现代化湖羊养殖标准《湖羊全舍饲养殖规程》，填补了国内畜禽行业至今没有湖羊养殖标准的空白。

畅通产业链条

特色产业基础好，品牌发展才有底气。“品牌强农”战略让企业正快速驶向浩瀚的市场蓝海。

在王跃程看来，种业资源是乾宝湖羊品牌的核心抓手。从创业开始，乾宝就以科技为引领，大力开展引种、保种和繁育推广工作。公司通过品系筛选、品种培育，目前已形成6个品系种群，繁育的优质湖羊种羊销往江浙、新疆、甘肃等10多个省区市，为各地提供优质种羊40多万只。

把握品牌架构的基本支撑点，才能建立起品牌大厦。乾宝的品牌基础就在于品质管理。为了提升乾宝湖羊的品牌影响力，王跃程带领团队瞄准国内外市场需求，一方面提高种羊品质，另一方面不断延伸湖羊产业链，形成了湖羊生产、育种、屠宰、加工、食品、饲料加工、有机肥加工、生态旅游等第一，第二，第三产业循环发展的“乾宝模式”。

目前，乾宝公司在中科院的帮助下，积极探索产业循环发展之路，围绕湖羊产业，创建了农业园区，建立了2万亩饲料种植基地，创建了6万吨精饲料加工厂一座，万吨级青贮饲料发酵池6个。投资5000多万元，创建了年设计生产能力10万吨的现代化有机肥公司一座，2021年产销有机肥5万吨。创建了食品公司，实行屠宰、分割、销售一条龙经营，及餐饮服务、生态旅游等多个子公司等。

以乾宝公司的羊粪加工为例，由于坚持绿色养殖，湖羊产生的粪便不含任何抗生素、重金属，所以生产出来的有机肥备受市场欢迎，远销云南、海南等地。企业牵手南京农业大学沈其荣院士团队，引进专利技术和专用肥料配方。目前，乾宝的有机肥子公司被评为江苏省十大标杆型企业。

带动共同致富

叫响一个品牌，才能带动一方产业，富裕一方经济。如何让更多人在全国范围内了解这些品质优、特色美的优质湖羊，并将其打造成推动企业转型升级和农牧民增收致富的关键因素。作为一家畜牧业企业，乾宝牧业一直致力于为乡村振兴做贡献。王跃程说，作为我们企业来讲，乡村振兴必须要产业振兴，产业振兴必须要实实在在的落地。

乾宝牧业公司除了向全国多地输出优质的湖羊种羊资源，还和当地政府合作，推出精准扶贫“羊来羊回”模式。“江苏年收入6000元就达到了脱贫标准，我们为农户提供种羊、饲料、养殖标准，一年算下来，完全可以达到脱贫标准。”目前已经有三四十家农户参与，投放种羊在5000多头。我们通过吸纳就业、饲料种植、农副产品收购、产品销售，直接受益农民2000名左右，积极发挥农业产业化综合企业作用，促进农业生产结构调整。

王跃程还将目光瞄向了澳大利亚、新西兰等有着先进畜牧业的国家，引进优质种羊，与湖羊杂交试验，通过不断创新，打造国内一流的肉羊育种品牌。

按照规划，乾宝计划“十四五”期间，在黄海湿地上，形成百万头的养殖规模，带动当地农民增收致富。“我们未来的方向，是要真正让世界了解我们的湖羊，让我们的湖羊走向世界。”王跃程说。

9年来，江苏乾宝牧业有限公司当选为中国畜牧业协会副会长单位、中国畜牧业协会羊业分会会长单位，被中华人民共和国农业农村部授予“国家肉羊核心育种场”“国家肉羊养殖标准化示范场”“农业产业化国家重点龙头企业”“国家级动物疫病（布鲁氏菌）净化场”“国家种业阵型企业”“国家级羊非免疫无布鲁氏菌病小区”等荣誉称号。

射阳大米

一粒米的飞跃

南有射阳，北有五常。射阳大米因米粒饱满、香纯绵甜、口感独特而在上海、苏南等地广受欢迎。“射阳大米”品牌是全国首家以地名命名的大米集体商标，中国驰名商标，中国农产品百强区域公用品牌，被誉为长三角地区“米中之王”。独特的气候环境、土壤资源，独优的水稻品种、栽培方式赋予射阳大米香醇绵甜，筋道润滑，绿色营养，食味独特的优良品质。检测出的直链淀粉、胶稠度、蛋白质含量等多项理化指标均优于国家优质大米标准。业内专家多次品尝品鉴，认为射阳大米可与五常大米、日本越光大米相媲美。

用心生产每一粒射阳大米，这是射阳大米的永恒追求。

全程可追溯每一粒大米都物尽其用

走进射阳大米集团包装车间里，机械臂代替人力，轻松抓取成袋的大米，放置在装卸平台。高标准厂房、智能化设备……生产场景完全与传统的大米生产企业不同。据了解，这样的智能化装备，每年可以节省人工成本100万元左右。

2018年射阳大米集团成立之初，全县有68家射阳大米大米生产企业，虽然有协会统一管理，但是缺少龙头企业引领，品牌建设处于起步阶段。当时，射阳大米主要供应连锁超市、农贸市场，处于一个大众化供应的阶段，在高端市场的品牌不多。

射阳大米集团成立以来，首先从稻米育种这个“卡脖子”工程进行攻关。在占地341亩的射阳水稻新品种筛选示范基地，射阳大米集团与省农科院合作，为高品质大米专用新品系选育与鉴定、优良食味水稻新品种示范、稻米食味品质保优栽培技术展示和射阳县水稻新品种筛选提供技术支持，实现了水稻种子“育、繁、推”一体。

有了好种子，接下来就是如何生产推广。在水稻种植环节，射阳大米集团推行数字化种植、无人机喷药，实现种植全流程的标准化、可追溯。在稻子成熟以后，大米的加工环节，射阳大米集团对稻米进行标准化加工，确保大米的品质。

在整个大米的加工过程中，射阳大米集团设在生产基地、物流仓储、加工生产等环节的130多个“监控设备”，记录着每一粒米从车间到餐桌的整个过程。

目前江苏射阳大米集团，拥有1万亩现代化技能化粮食种植基地、5万亩优质稻米种植基地、20万亩订单农业，长期与南京农业大学、江苏省农科院等科研院所合作，设立江苏射阳大米产业研究院和博士工作站，并建立射阳大米产业研究院实验基地。

射阳大米集团的成立，有着得天独厚的自然优势。射阳位于黄海之滨，属海洋性湿润气候，四季分明，雨热同季，光照充足。江淮气旋大多经射阳入海，因此夏季冷暖空气交汇频繁。雨量充沛，雷雨较多特别是夜雷雨多，有利稻谷分蘖拔节孕穗。秋季光照足，无霜期长，利于稻谷干物质和碳水化合物积淀，使食味口感独特。产自如此"风水宝地"，射阳大米自然珍贵异常。

此外，江苏里下河地区四条河流经射阳入海，苏北灌溉总渠流经境内，水资源丰富，稻作区域沟渠涵闸设施完善，水系合理、排灌分开。清末状元张謇致力实业救国，在射阳沿海废灶兴垦，由于是滩涂逐步垦殖，土壤中腐殖物多，有机物丰富，速效钾含量丰富，有利于稻谷生长及口感形成。

目前，射阳大米是农业农村部、国家知识产权局地理标志登记和保护产品，是中国农产品百强区域公用品牌，中国大米十大区域公用品牌，多次获得中国国际农交会、粮交会金奖，作为全国首家取得大米类集体商标的品牌——射阳大米现年产销超百万吨，年产值超百亿，带动农民增收3亿多元，被誉为江苏第一米，产品畅销长三角乃至全国。

品牌化引领不断占据高端大米高端市场

有了好米，如何让更多人知道，卖出好价格？射阳大米集团借助协会的力量，统一使用射阳大米的区域公用品牌标识，同时，注册"谷投味道"，进行功能性大米的开发。另一方面，不断延长大米产业链，提升射阳大米的整体形象。

射阳大米集团董事长、盐城市大米产业促进会理事长、射阳县大米协会会长陈文锋介绍，"射阳大米"品牌是多年来不断积淀才名声在外的，2005年获“江苏省名牌产品”，2007年获“中国名牌产品，2008年获“地理标志产品保护”，2011年获“中国驰名商标”，2016年获“中国十大大米区域公用品牌”，这些对射阳大米的品牌保护起到决定性作用。射阳县大米协会是商标所有人，只有符合产地、品质、质量、安全及《章程》自律公约执行等要求的企业才可以向射阳县大米协会申请，经允许加入射阳大米协会会员后方可使用射阳大米商标。

随着品牌价值的日益提升，射阳大米的品质安全也越发重要。据了解，所有使用射阳大米商标的生产企业均需参加质量溯源“双码”管理，消费者可以通过扫码了解射阳大米信息，通过国家质量溯源平台进行质量溯源查询。截至2022年底，全县68家大米加工会员企业，已实行质量溯源管理61家。

在射阳大米集团的带领下，全县年产优质粳米超百万吨，拥有有机米、富硒米、虾田米、生态米等多个品种，畅销上海、南京、苏州等长三角地区，品牌价值超过245亿元。按照规划，射阳大米集团计划建立射阳大米的品牌矩阵，同时拓展射阳大米地理标志产品保护范围，让更多人吃上真正的射阳好大米。

近年来，江苏省市场监督管理局发布江苏省地方标准《地理标志产品射阳大米》DB32/T1580—2019，并报国家市场监管总局备案。“射阳大米”商标所有人——射阳大米协会，制定发布团体标准《射阳大米稻谷栽培技术规程》《射阳大米原料储藏技术规范》《射阳大米加工质量技术规程》，进一步推动射阳大米品质的规范化、标准化。

一个省级地方标准、三个县级地方标准，均高于国家标准要求，这就是射阳大米的底气和实力所在。

规范生产流程，用心产出每一粒射阳大米。为了进一步优选水稻原种，射阳县与省农科院共建射阳大米产业研究院及博士工作站，围绕射阳大米高品质优良食味专用品种培育和稻米产业化等开展全方位合作，已成功筛选出鹤香粳1号、2号、3号等3个射阳大米专属香型优质稻米品种，个别品种综合评分已超过市场上同

等优质品种。同时，加强对大米品质的监测，做到动态调整。

在射阳大米文化馆，几十枚国字号荣誉标牌记录着射阳大米的辉煌历程，“品牌化引领、标准化生产、产业化经营、智能化管理、规模化发展”的射阳大米产业发展战略也昭示着射阳大米的未来。

琼港农场

当小西瓜插上品牌翅膀

凭借琼港农场优良的品质和过硬的品牌，这些西瓜不仅在苏南、上海地区畅销，而且远销北京、广州等地。小小西瓜，究竟是如何插上品牌的翅膀，飞向大江南北？

坚持标准化种植

每逢初夏，正是弶港农场西瓜成熟上市的最佳季节，走进西瓜种植大棚，一个个翠绿的西瓜长势喜人。顺手摘下一个，刀子一碰瓜壁，整个西瓜瞬间裂开，鲜红多汁的瓜瓤，甘甜肉脆，吃上几块，即刻消解暑气，口齿生津。

弶港西瓜为什么那么受欢迎？如果从种植历史来溯源，最早可追溯到北宋年间，相传范仲淹当年在东台为官，由于其母喜欢吃西瓜，于是他从京带来了优质西瓜种子，在当地推广试种，品质很好。后来经过当地群众代代改良，形成了独特的西瓜品质。

弶港西瓜好吃的原因，与其得天独厚的生长环境和地理位置有关。农场地处江苏省东台市东部，东临世界遗产地——条子泥、北依国家级麋鹿保护区、南与新街镇、西与三仓镇接壤，自然、生态环境优美，是一块神奇的地方。由于地处黄淮海冲击平原，土壤沙性重，富含钾元素，加上四五月份昼夜温差大，非常有利于西瓜积累糖分。

20世纪80年代后期，农场发展遭遇瓶颈，主要农作物大豆生产面临困境，特色农作物薄荷种植效益下滑，场办企业亏损，第二，第三产业职工转岗多。农场种什么？职工干什么？成了农场干部职工面对的现实难题。虽然农场与周边乡镇历史上有种植露地西瓜的传统，但西瓜坐果期正值当地梅雨季节，梅雨稍早年份，一场雨后，西瓜全泡汤，西瓜产量不稳，面积难成规模，效益难以显现。

就在众人一筹莫展之际，一位善于琢磨的种瓜人，从棉花拱棚育苗上得到启发，开创了西瓜保护地栽培的先河。从那一个小拱棚开始，早春保护地种植西瓜在农场开始萌芽，“弶农”品牌由此开篇。

与露地西瓜相比，大棚栽培西瓜不仅上市早，更重要的是产量高、品质好、抗灾能力强，种植效益比露地西瓜高很多。由此，农场农业种植结构调整找到了突破口，农场职工增收有了新途径。农场党委不失时机地抓住宣传引导和政策引导两个关键，出台扶持政策、强化典型示范、重抓技术培训、引进外来能人，稳步发展西瓜产业。农场职工种瓜积极性逐年高涨，加之农场土地集中连片，基础设施条件好，越来越多的邻近乡镇农民涌入农场租地种瓜，农场西瓜种植面积从最初的几百亩增加到数千亩、上万亩，“弶农”品牌由此开始发展。

弶港西瓜是农业标准化、品牌化生产的一个成功缩影。在向外推广品牌的过程中，弶港西瓜注重地理标识的推广。东台物产丰饶，生态优良，农副产品一直备受市场青睐。早在2002年，为了推进西瓜产业可持续发展，农场就注册了“弶农”品牌。2008年曾经获得“中国名牌农产品”称号。2021年又获得了“江苏精品”称号。目前，整个东台的西瓜种植面积在20万亩左右，其中，农场种植面积有1万亩。

在弶港西瓜产业发展的路上，也曾走过弯路。随着种植面积的不断扩大，新的问题也随之出现。由于资源相对较少，种植年限增多，重茬现象严重，病虫害增多，品质下降，加之标准化生产水平不高，违规使用农药等现象，制约了西瓜产业的可持续发展。当地以问题为导向，成立西瓜产业发展领导小组，重新确立西瓜产业总体发展思路，根据农场土地总体规划，结合西瓜特有的生长习性，有计划地将种植面积稳定在1万亩左右，人为调整土地种植间隔4~5年。同时，采用“水旱轮作种植”模式，改善土壤环境，有效控制西瓜病害，加大有机肥投入力度，通过实践取得了良好的效果，不仅西瓜品质、产量上去了，而且病虫害少了，产业可持续发展收效明显。农场不仅注重环境、条件的改善，还十分重视标准化生产，由西瓜产业协会牵头，制定并下发了《绿色西瓜生产手册》，出台了“关于加强环境保护建设生态农场工作的意见”和“关于做好绿色农产品质量追溯工作的意见”，以标准化的技术规程指导瓜农组织生产。西瓜产业从低水平、无序化的一家一户式生产向组织化、规模化、标准化、绿色产品、有机农产品生产迈进。

多渠道助力西瓜走进千家万户

为推广“弶农”西瓜，农场人通过多种渠道，努力提升产品知名度，扩大品牌影响力。先后在南京召开了品牌发布会，在无锡举办品牌推介会，农场内部每年举办“文明弶农、甜美五月”宣传活动，与盒马鲜生、深圳百果园、上海先锋等大型连锁企业保持合作关系，让更多优质产品走进普通老百姓的餐桌。

为生产优质的产品满足消费者的品味，农场多种措施并举，狠练内功，加强品质。一是不断调整品种结构。在原有的早春红玉、特小兰、特小凤的基础上，积极引进全美4K、王炸、夜须、三色麒麟等系列新、特、优品种，充分挖掘新品种优势；二是不断调整种植技术。从起初的“三膜”覆盖到“双小棚”+“双大棚”+滴灌+标记法，以技术的革新推动品质的提升；三是不断调整销售模式。从当初的种植者独闯市场、摆地摊销售，发展到现在就地田头销售，委托经纪人组织，客商驻点采购，产品供不应求、一货难求，成为市场的“香饽饽”。与此同时，“弶农”西瓜还搭上了直播带货的快车，通过电商等渠道，让全国消费者吃上了安全、健康、优质的西瓜。

农场坚持高起点定位、高标准生产、高水平示范，围绕品种试验示范、种植技术集成、有机产品生产，专门成立了有机农庄，大力发展有机农业，引领西瓜产业高端发展，积极履行国企社会责任。有机种植面积扩增到26公顷，有机产品涵盖火龙果、樱桃番茄、水果黄瓜、草莓、佛发菜、果冻橙等，四季有产品，现场可采摘，品质受好评，网红打卡地。

据相关领导介绍，下一步琼港计划继续加大品牌建设力度，围绕提升生态环境增品质、建立标准生产强管理、优化服务水平赢口碑等多向发力，将西瓜产业重点打造成区域特色品牌，农场经济发展支柱，瓜农增收致富主产业。重点做好：一是强化农产品质量追溯体系建设，建立生产有记录、产品有标识、质量可查询、产品可追溯，做好全程质量管理工作，确保西瓜品质可控；二是强化品牌建

设，培育核心品牌，增强品牌意识，提高产品品牌知名度和美誉度，提升消费者品牌认可度和忠诚度，挖掘品牌价值；三是扩大销售渠道，利用信息化手段，借助互联网平台，推动产品在更大范围、更广领域、更高层次销售，让广大消费者甜美心田、享受生活。

“我们将坚持走品牌化发展道路，让我们的产品成为消费者的最爱，让我们的西瓜走进千家万户的餐桌，立足中国，走向世界。”

江苏华绿生物

领“菌”农业品牌是如何炼成的？

自2010年成立之初，华绿生物从传统的种植，发展成为集生产、销售、研发、科普为一体的生物高科技企业，拥有了世界上先进的食用菌生产线以及优良的菌种，实行标准化、规模化、机械化的生产，并实现高质量的快速发展。2022年，江苏华绿生物科技股份有限公司核心品牌华绿之珍入选中国食用菌行业标志性品牌。用诚心塑造品牌，用匠心创造品牌，用恒心打造品牌，华绿生物一跃成为国内领“菌”企业。

源于品质，忠于品牌

金针菇、白玉菇、舞茸……这些人们餐桌上离不开的饕餮食材，就诞生在宿迁泗阳国家现代农业产业园区的华绿工厂。作为中国食用“菌”团的头部企业，华绿生物的优势产品包括金针菇、舞茸、白玉菇、蟹味菇、虫草花等丰富品种，在14个已建成的智能化工厂里，可年产食用菌鲜品超20万吨。

回首华绿生物的成长之路，不难看出其在农业领域发展迅猛、势头强劲。公司成立于2010年6月，当时董事长余养朝从福建来到江苏考察，发现泗阳地理位置优越，处于北纬33.8° 的天然优势区，交通发达，原材料丰富，这些因素都对食用菌产业的发展非常有利。余养朝凭借丰富的经验和敏锐的商业嗅觉，看准了乡村产业振兴的大好历史机遇，在这片沃土上开始了全新的创业之旅。

华绿生物自成立之初就广泛开展校企院所深层合作，引进高端研发人才，实现企业标准化、规模化、周年化、智能化生产。目前，华绿生物已经成为农业产业化国家重点龙头企业、国家高新技术企业。在华绿生物高质量发展的过程中，汇聚了余养朝、冯占、江剑锋、钱韬、李贺文、夏伟伟、胡明、李芬、熊艳等一大批行业精英，他们始终坚持以客户需求为导向，注重新品种的研发和市场营销，不断推出高品质的食用菌新品，赢得了市场的广泛认可，成为行业内独具竞争力的头部企业。2021年4月12日，公司成功在深交所创业板上市，成为泗阳县第一家A股上市企业、宿迁市第一家农业上市企业。

目前，公司已在江苏泗阳、重庆万盛和南川、河北望都、广西崇左、河南确山、浙江海宁建有七大生产基地，占地面积3000余亩，产业规模大，产品种类全，产品热销全国和海外市场。公司申请专利已超200项，承担国家星火计划项目4项，参与制定行业标准1项，团体标准4项。企业通过ISO9001质量管理体系与ISO22000食品安全管理体系双认证。公司是中国食用菌协会副会长单位、中国种子协会食用菌分会副会长单位、江苏省食用菌协会副理事长单位，先后被认定为科技部国家食用菌工程技术研究中心金针菇种质资源评价和利用基地、江苏省食用菌繁育与栽培工程技术研究中心、江苏省研究生工作站，并获评江苏省科学技术奖一等奖、宿迁市长质量奖等百余项国家级、省市县级荣誉。

作为中国食用“菌”团的第一方阵成员，华绿生物拥有世界上先进的食用菌生产线以及优良的菌种，公司的技术研发走在了国内食用菌研究和生产领域的前沿，获得了较为先进的技术储备，形成了较强的竞争力。公司掌握菌种的种源核心技术，不断通过工艺流程的改善，选择使用合理的自动化设备，搭设高效便捷的信息化系统，提高生产效率、降低成本、优化产品品质、获得市场份额。

高效生产力的背后，彰显的是华绿生物源于品质，忠于品牌的决心。一切好品牌源于品质，华绿生物的品质锻造之路，离不开各类人才的引进、培养和管理。华绿生物一直致力于打造高素质的员工团队，通过不断的培养和选拔，造就了一大批技术精湛的菌业专家和生产管理人才。同时，华绿生物还注重团队建设和文化建设，打造积极向上的企业文化和团队氛围，鼓励员工敢于创新、追求卓越，共同推动企业不断发展壮大。

在华绿生物的品牌道路上，人才是品质的内功，更是企业最重要的发展基石。科技创新为公司的品质和品牌带来了无限的生机和活力，让华绿生物在农产品品牌领域迈向更高的巅峰。

健康引领科技担纲

一株株食用菌，从培养料装瓶到菌菇长成，要经历50-120天不等的时间酝酿，而每天华绿全国工厂里要培育近200万瓶这样的菌株。在看似不起眼的小瓶子里，蕴藏着华绿生物的匠心创造和振兴民族企业的梦想。

十大标准流程、零下196℃液氮保藏、万级洁净度菌种生产和菌丝培养环境……每一朵菌菇，从最初的孕育，到走向市民的餐桌，不仅要经过品质的严选把关、技术的层层保障，更有企业销售体系的现代化管理支撑。

据介绍，培养瓶中的培养基，主要由米糠、麸皮、玉米芯等农作物“下脚料”组成。这些农村常见的“下脚料”，通过科技创新，一跃变成了华绿生物的“财富宝藏”。近年来，华绿生物通过科技创新，直接带动泗阳县超15万亩农田的余料“变废为宝”，拉动15000余户农民增收致富3000万元以上。通过工厂化栽培的技术手段，推进三产互相融合，把带动农民增收贯穿在产业链中。

随着大健康时代的到来，“菌”衡膳食的健康饮食理念越来越受到人们的关注。联合国粮食及农业组织（FAO）推荐的“一荤一素一菇”膳食结构，将健康与平衡作为核心概念，其中“一菇”指的就是富含氨基酸和微量元素的“食用菌菇”。董事长余养朝先生率领的团队一直秉持“华绿菇、放心吃。”的品牌承诺，华绿秉奉既是现代农业的拓荒者，又是现代农业向数字农业和智慧农业提升的创新者、引领者。公司通过生物技术与工业技术的搭配，通过数字技术与信息科技的融合，以科技的力量，实现工厂化标准化生产的高效模式，不仅提升了食用菌的产能、质量及食品安全水平，同时带动了食用菌精深加工、贮藏、冷链物流等上下游产业链的综合利用开发和发展，促进农业生态大循环经济的发展，实现传统农业向现代农业，传统制造向现代智造的完美转变。

未来，我们始终相信：人类持续健康，华绿不断壮大！

中辰电缆

好品牌源于高品质

在国家电网、南水北调、藏中联网、京雄城际铁路、京藏高速等重大战略工程中，中辰电缆频频获得青睐。特别是在京雄高铁中低压电缆工程项目中，中辰电缆从全球众多电缆企业中胜出，成为唯一一家电缆企业参与这项重大工程建设。从众多企业中脱颖而出，中辰电缆靠什么？——质量！这家立志做高品质电缆的企业，把质量当作企业的生命，只做高品质电缆。经过十几年的发展，如今的中辰股份不仅在电线电缆领域市场份额逐年上升，还成功开拓新能源发电、电气化铁路、城市轨道交通、机场建设等特种电缆应用市场。

电缆“新兵”以质取胜

电缆由三大部分组成，导体、绝缘、护层。电缆是机械行业产品质量最难做的一个行业。电缆作为电路传输、信息输送以及各类仪器制造不可或缺的电工产品，在我国各行业都有着广泛的使用。电缆行业发展对我国整体经济发展构成直接影响。

近些年来，伴随着我国工业化、城市化进程加速，石化、运输、建筑、新能源等行业的快速发展，电缆市场需求也一路激增，诸多电缆品牌紧跟全球数字化、网络化、智能化发展趋势，构筑数字智能研发、生产、运维与服务体系，进而有效促进产业结构进一步优化，创新能力持续提升。

作为一个从2003年起步的电缆“新兵”，中辰电缆在这个号称最难做的行业里硬是闯出了一片天地。

只做高品质电缆是中辰电缆品牌的核心。从电缆产品的生产环节到进入市场，中辰电缆坚持一次做对，一次做好，用无缺陷的工作方式来保证产品质量的无缺陷。为此，公司设立了首席责任官，对员工日常进行培训。通过培训，通过自查自纠，再加上高质量的管理，使产品质量在内部就达到了管控。

过硬的产品质量只能代表自身的生产能力，对客户的服务也至关重要。中利腾晖光伏科技有限公司是中辰电缆战略合作客户之一，该公司于2013年在甘肃新上100兆瓦并网光伏发电项目，由于当时国内尚无匹配电缆生产，项目部打算采用国外产品。得知这一信息后，中辰电缆成立专题攻关小组，在短短两天内，就攻克了西北沙漠恶劣天气环境用光伏发电电缆的技术难题。中辰超高压光伏电缆的使用，不仅使工期缩短了2个月，采购经费还比采用国外电缆节省了三分之二。

中辰电缆推出“213服务”，客户遇上所有问题，服务人员两小时要回复，一天之内到达，三天都要解决。“通过产品质量再加上售后服务，再加上团队的建设，使整个品牌价值得到更大的提升。每年我们进行两次客户回访，客户的忠诚度、满意度得到了明显的提升。”企业负责人姜一鑫说。

智能化管理赋能

近年来，借助数字化、智能化东风，我国电缆市场已从低价无序竞争逐步转型为以品质、服务、售后为核心的全新竞争格局，良性、可持续的迈向新未来。

在江苏省推进的“智改数转”工作中，中辰电缆股份在行业内率先启动5G智慧工厂建设，相比改造前，能耗总量已降低20%、生产效率提升30%。这位优等生还在“智改数转”的新赛道上继续探索，利用3D建模技术结合物联网手段和数据驾驶舱形式打造数据中心馆……

“电缆你不能让它停下来再去看一看，摸一摸到底质量好不好，做出来就成型了。所以对电缆行业的产品质量要求就特别高。”姜一鑫表示，为了提升产品质量，公司利用智能化管理，采用5G加工业视觉，对整个产品的结构、外观，包括导体的根数进行了检验。然后，会把这些数据的采集，通过建模、算法，把数据上传给客户终端，让客户终端在远端可以看到整个生产过程，既保证了产品的质量，也满足了交期，更满足了用户对产品质量的管控。

在保证产品质量的同时，更加注意环保低碳，中辰电缆在生产过程中严格使用环保型的材料，不断推动产品在环保行业的使用。如公司绝缘采用的是低烟无卤材料，大量采用焦点聚乙烯，后续我们会采用pp料，就是最环保的这种材料。作为省级的绿色工厂，在生产过程当中，公司对于每一根电缆的生产能耗严格把控，确保绿色环保。“不仅仅是把电缆生产出来，在生产过程当中电能、气、水用得越少、员工的效率越高，这样才能体现出企业的品牌。”姜一鑫说。

聚焦三大领域引领品牌价值提升

通过十几年的发展，2021年1月22日，中辰电缆在深圳证券交易所创业板成功上市。中辰股份董事长杜南平在上市仪式上表示，站在更大的舞台和更高的平台上，中辰股份将继续坚守好“线缆研发和生产”这一主业和根本，充分利用市场和大众给予的新资本，进一步放大产品优势、品牌优势、技术优势和客户优势，不断提高产品的吸引力、质量的竞争力和市场的集聚力，把中辰股份做成国内一流、行业领先的标杆企业。

如今，中辰电缆的产品主要是服务国家电网、南方电网及五大发电公司，在全国31个省市都有市场份额，且市场的占有率逐步在提升，市场的品牌价值也逐步在上升。到目前为止，公司的品牌价值大概在30亿。据介绍，接下来公司主要是从三大领域去发展，一个是智慧电网，第二个是清洁能源，第三个是高端装备。

对于智慧电网这块，中辰电缆将调整一些原有主打产品，使整个电缆智能化。除了给客户提供了一个产品，后续还会在电缆里面增加一些光纤传感器，后续还会有一些监管服务的过程，更好提高客户的体验。

第二块高端装备电缆，主要是应用于新能源以及轨道交通。着眼于国家不断加大交通建设投入，公司将一期的技改项目5.7个亿，二期4.6个亿，全部投入到新能源和高端装备上面，力争在铁路领域，包括中铁、中车、中铁建等，实现电缆产品全覆盖。

第三个是清洁能源，这块我们主要是太阳能发电，风力发电以及核电，包括测试训练电站、新能源汽车的承受线等，通过研发技术以及产品来为他们服务。

隆江物业

永恒的匠心

在行业浩如烟海的物企中，隆江物业日渐做大变强并脱颖而出，离不开其多年来沿着服务产品化、产品品牌化、品牌价值化的发展逻辑，不断提升服务品质，强化品牌建设，全面提升品牌竞争力。

标准化才是品牌化的基础

在物管行业全面走向市场化，群雄逐鹿的竞争新格局下，品牌为隆江物业带来的规模拓展、业绩增长、业主与客户信任等优势效应日益凸显。

然而，创业之初，隆江物业的发展前景并不明朗。2007年刚创业时，凌夕生和隆江物业常常倒贴钱做项目，靠着一流的服务和良好的口碑，隆江物业逐渐在泰州站稳了脚跟。

服务产品化，才可以让其标准化、专业化，继而实现市场化，形成可持续迭代升级发展模式，建立完整生态供应链，提供更好的产品和服务。现在，隆江物业服务的单位涵盖了小区、写字楼、事业单位、驻外公司等，常常是项目指定隆江物业做，因为他们的服务最好，品牌更响亮。

“我们想用一种匠心的精神服务社会，打造自己的品牌，让甲方满意，这是我们不变的追求。”回忆创业伊始，凌夕生直言往事不堪回首。当时，他做人事工作，边工作边创业。一开始，公司接了几个工业园区和乡镇的物业服务业务，凌夕生每天开车往返城乡，项目没完工，就没有收入，以至于需要经常把自己的工资倒贴到物业项目上。创业前五年，物业公司经营一直亏损，但是企业的服务理念、质量、标准也得到了不断的提升。凌夕生坚信，只要持之以恒地去耕耘，品牌之花终有一日会绽放！

靠着几个示范项目的优质服务，隆江物业逐渐在当地赢得了口碑。很多省内外的项目陆续找上门来，隆江物业逐渐打开了市场，主要承接房地产、老旧小区、工业园区等的物业配套服务。与其他物业公司不同，隆江物业并不把经济效益放在首位，而是将甲方的需求放在第一位，在此过程中锤炼团队服务水平。在口碑、信誉、品质全面开花的情况下，隆江物业也接到了更多的大项目、好项目。

目前，隆江物业已连续三年成为江苏省物业服务行业综合实力50强。公司设有8个分公司，省外3个，省内的有南京高淳分公司、镇江丹阳分公司、泰州高港分公司、淮安分公司，还有盐城分公司等，员工超过2000人。

深耕十余载，隆江物业将服务品质作为发展的基石，用匠心打磨服务品质，持续开展案场服务提升、服务品质创新、员工服务技能等方面的培训，自上而下提升物业服务团队的素质和水平，做好传帮带复制作用，持续提升其品牌影响力，同时实现员工与企业共同成长。

精益求精，锻造服务品牌

在物业服务领域，国家和省里都有物业管理条例。凌夕生告诉记者，隆江物业在严格按照国家标准的基础上，制定了公司的管理制度要求。“我们基本上每个月都要对项目进行回访，通过满意度调查表的意见，不断改进服务，同时，用严格的管理超越对方需求，做到对方想不到的，万事追求完美。”

在隆江物业的一个工厂物业项目中，隆江物业作为第三方，全面接管厂区保安、保洁、食堂、消防等物业服务。整个服务过程中，不光工厂方面监督工作人员，隆江物业也24小时监督员工，严格按照工厂规定，用心服务。

企业越做越大，凌夕生和隆江物业也在尽己所能，践行社会责任感。对于一些三无小区，在政府部门的指导下，隆江物业经常不计成本，接管物业。疫情期间，依然保持优质服务，获得了各界的认可。“我们服务150个企业，只有一半能做到盈利，平均下来能持平就行。我们不为赚钱，就是为了提高影响力，扩大口碑。”

随着物业行业不断扩展，隆江物业面临的竞争也随之加剧。经常是有企业低价竞标，导致隆江物业陷入被动，尽管如此，隆江物业依然按照股份制企业要求，严格遵守招投标规则，靠服务赢得客户认可。“靠着过硬的服务品质，我们获评江苏精品，将按照江苏精品的品牌建设标准，提升自身的管理水平。”

智能化转型借力江苏精品优化品牌

随着小区智能化水平不断提升，隆江物业也在尝试智能化管理，全时段服务。据凌夕生介绍，企业目前在单元门刷卡电梯、老人家庭照护等个性化、智能化服务方面，不断推进。未来，公司计划引进智能扫地机、机器人送快递等服务。

“不管做什么事情，都要用心去做，才能做出来一个标杆。我们如果不是标杆，一定要朝着标杆方向去努力奋斗。”凌夕生说。凌夕生一直想把企业做成像德国的宝马、奔驰一样的靠品质传承的百年老店。对标标杆企业，也让隆江物业的业务越做越大，多次有机会涉足国外业务。在凌夕生的设想里，服务引领是不变的宗旨。尤其是企业获评江苏精品称号以来，将更加注重品牌建设，助力企业各方面再上一个新台阶。

南京白龙有机农业

在有机农业的赛道上持续领跑

坚持走“有机”发展之路，服务每一位追求健康者，是白龙有机农业的品牌决心。创业17载，白龙有机农业成为集科研、育种、种植、加工、销售于一体，融产供销、贸工农一体化的江苏省省级农业产业化龙头企业，更是在有机农业品牌中突围引领。

打造规模化有机种植基地

在白龙有机农业的有机蓝莓种植田里，一棵棵蓝莓树硕果累累。这些没有使用过膨大剂，全程有机肥种植的蓝莓果经过工人采摘挑选，将运往连锁超市，让消费者在炎炎夏日，品尝到酸酸甜甜的蓝莓味道。

一颗蓝莓从“种到土里”到“吃到嘴里”要经过选种、栽培、包装、运输、销售等众多环节。为了提升蓝莓品质，公司加大科研投入和技术联姻，通过与科研机构紧密合作，解决了大量有机农业生产加工的技术难题。与中科院江苏植物研究所战略合作，大规模推广了蓝莓品种并进行产业化开发。随着有机蓝莓原液、有机蓝莓面膜研发成功，公司真正做到了没有让一颗优质的蓝莓浪费。

有机种植技术的提升，是保证有机产品重要的一步。自创立以来，白龙有机农业科研攻关的脚步从未止步。通过和南京农业大学国家大豆改良中心合作，连续14年对南方非转基因大豆上千个品种和材料进行保种和选育，共同选育了数个市场畅销优良大豆品种；通过和南京林业大学合作，在水源净化和污水处理，秸秆回收利用，以及土壤改良等循环农业方面进行了成功探索和现代装备建设；通过和农业农村部机械化研究所合作，在丘陵地带大面积节水灌溉和农业自动化远程控制方面，达到国内先进水平，等等。

为了建设有机行业标准，白龙有机注重科研成果的转化和应用，充分发挥科研院校优势学科的知识溢出、人才支撑和产业集聚效应，按照“院所–产业–园区–企业”模式建设集群化特色的现代农业技术平台、产业基地，积极参与建设行业标准。公司先后承担的省级以上的科技项目有《有机农产品·蓝莓生产操作规程》（制定江苏省蓝莓生产操作地方标准，2008年）、《蓝莓和黑莓标准化有机栽培技术集成与示范》（科技部农业科技成果转化，2010

年）、《江苏省科技厅科技支撑计划（农业）项目》（2011年）、江苏省科技厅服务平台项目“有机农业公共技术服务业务建设”等。

打响“六步山”有机蓝莓品牌

在白龙有机农业种植的4000亩农产品中，2600亩为有机认证，包括有机蓝莓、有机茶、有机水稻、有机蔬菜等，其中蓝莓和茶叶均获得了全国首批“零碳认证”（“零碳农产品”指农业生产过程的温室气体净排放量等于零的农产品）。

坚守有机农产品品牌，一是为了迎合消费者绿色健康的消费理念，另一方面也是对溧水绿水青山生态环保理念的坚持。自2005年成立以来，公司积极整合有机农业资源，坚持有机、循环可持续生产方式，坚持合理开发与保护生态环境相结合，打造规模化有机农业生产基地，建设以有机蓝莓为主导产品的有机食品产业链，推进农业与旅游、教育、文化、健康等产业深度结合，打造白龙有机蓝莓谷田园综合体，树立让消费者信赖的安全高品质的农产品和“六步山”有机食品品牌。

农产品品牌离不开专业机构认证。据悉，白龙有机的六步山系列蓝莓产品连续16年获得南京国环有机产品认证中心的有机认证，2009年，公司成为IFOAM（国际有机农业运动联盟）的正式成员，公司已与苏果、华润万家、北京华联等大型超市建立了合作关系，是苏果全省首批六家农超对接企业之一，初步形成了国际、国内、江苏三个层面及体系的销售平台和网络。

为了进一步打响“六步山”有机蓝莓品牌，公司从顶层设计上下功夫。未来三年，白龙有机农业将建立江苏第一个蓝莓种质资源圃，继续扩大蓝莓基地规模化建设，新建蓝莓种植基地2000亩，新建连栋大棚12000平方米（已完成），完成新增400亩钢架大棚设施蓝莓建设，及配套水泥路及硬质化沟渠，打造蓝莓从品种选育、种苗繁育、大规模种植及深加工体系的全产业链，建立蓝莓博物馆，打造蓝莓健康科普基地，建设白龙智能数字化农场。

一方面，通过引进外资资本合作，力争3年投入3个亿，打造大健康药食同源产业基地，建立铁皮石斛品种圃，选育优良铁皮石斛品种，建立组培中心1000平方米，植物工厂500平方米，进行工厂化生产，年繁苗1000万株，建设30000平方米连栋温室，打造规模化中草药种植基地，三年内投资4万平方米按荷兰标准建设的大型玻璃温室，用于中草药种苗规模化生产，把白龙村建设成为江苏省最大的中草药种苗繁育基地。

另一方面，围绕公司供应链体系建设，建立田头产地仓，配备农产品预冷、清选分级、分拣包装、保鲜、初加工、仓储及冷链运输等装备，新建6000平方米标准化农产品仓储冷链体系。

随着公司规模不断扩大，建设完善农产品品牌体系成为当务之急。公司着力打造六步山深加工产业链，有机茶保留原有的有机碧螺春和雨花茶系列，开发有机红茶和有机黑茶系列，填补江苏有机茶的空白；在保留六步山有机蓝莓鲜果市场占有率的基础上，继续开发有机蓝莓干红、有机蓝莓原液和有机蓝莓咀嚼片；在15年大豆保种育种的基础上，计划3年内申报2-3个大豆材料品种权，利用公司生产的有机大豆原料，开发多种有机大豆制品，其中采用传统工艺生产的有机黑豆酱油已通过认证，近期进入超市进行销售。

有机农产品品牌离不开地理标识，如何让六步山有机蓝莓成为溧水的新名片？下一阶段，公司将重点投资白龙有机蓝莓谷观光园，把文化创意作为新的生产要素融入休闲农业发展中，打造白龙有机蓝莓谷田园综合体，建设农业科技创新园区和公共服务平台，推进农业科技成果转化，更好地服务农户和农业企业。

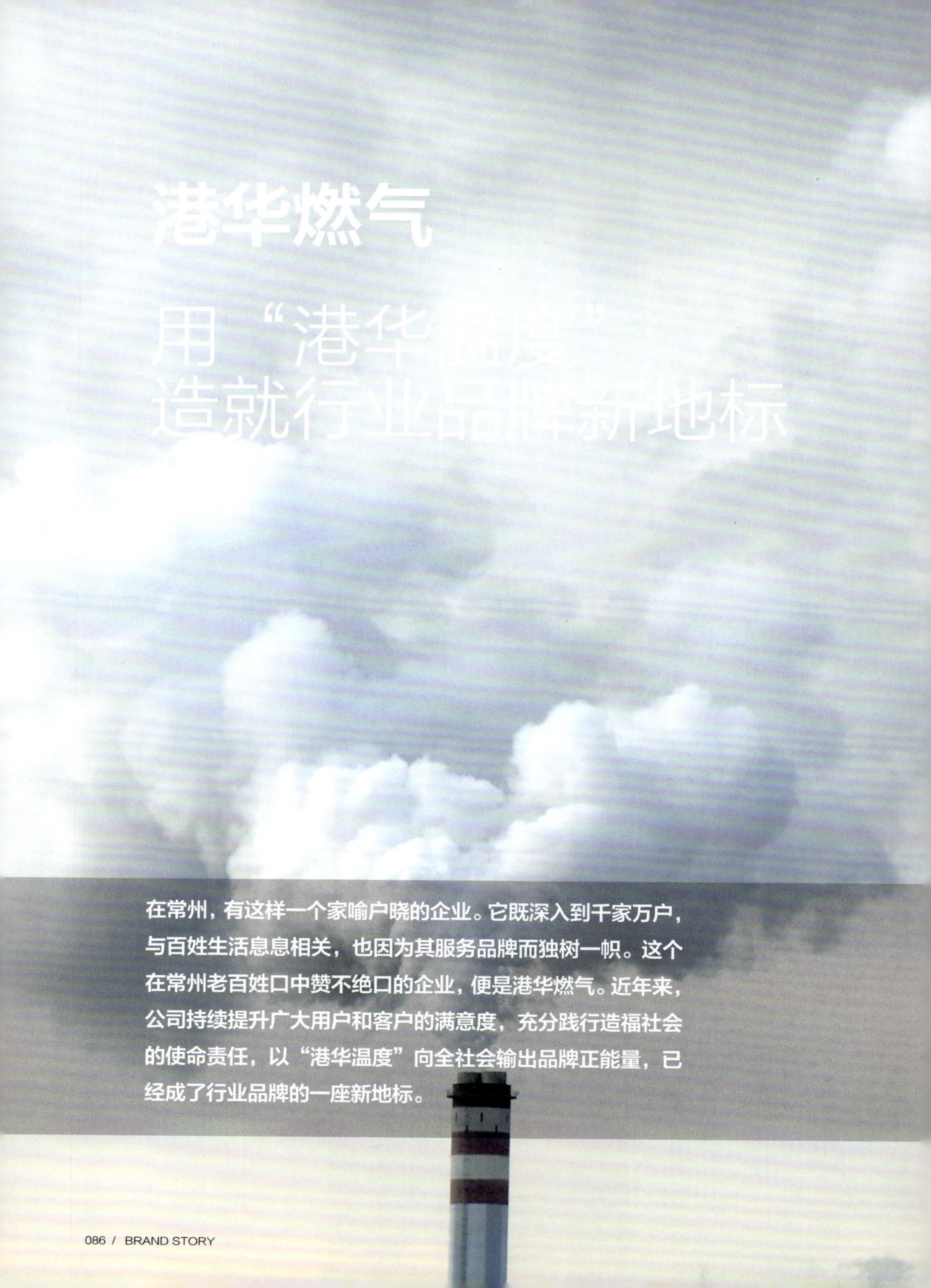

港华燃气

用“港华温度”造就行业品牌新地标

在常州，有这样一个家喻户晓的企业。它既深入到千家万户，与百姓生活息息相关，也因为其服务品牌而独树一帜。这个在常州老百姓口中赞不绝口的企业，便是港华燃气。近年来，公司持续提升广大用户和客户的满意度，充分践行造福社会的使命责任，以“港华温度”向全社会输出品牌正能量，已经成了行业品牌的一座新地标。

打造有温度的服务品牌

提起常州港华燃气，老百姓心中就会涌起一股暖流，都会忍不住竖起大拇指。百姓点赞，不仅在于常州港华燃气有限公司安全供气几十年，更在于公司在客户服务方面的精益求精。

“公用行业的两大基础一是安全，二是服务。我们的理念叫‘以客为尊’，就是客户想什么，需要什么，我们能提供什么样的服务。这个也是香港中华煤气百年积累下来的服务理念和文化。”常州港华燃气有限公司总经理黄澔说。

据介绍，常州港华燃气有限公司2003年成立，公司的前身是20世纪70年代常州的一家老国企。2000年后，随着国家实施西气东输战略，天然气开始进入市场，加上老国企管道煤气受制于产能，很难形成规模。市场不断变化，对企业的技术、资金、理念等都提出了考验。

当时，国家鼓励市政公用行业进行改革改制，引进外面的一些理念、资金、技术等等。常州市政府经过多方考察权衡，最终选择了香港中华煤气作为合作方，双方合资成立了常州港华燃气有限公司。

公司成立不久，就迎来了艰巨的挑战。当时，国家西气东输工程基本上竣工，确定常州的入户时间是2004年4月。由于此前全市用户使用的是焦炉煤制气，就必然面临着随着天然气接入，此前的燃气供应系统、线路设施等都要进行改造。

而常州市12万户家庭的管道改造、调试是一项复杂和艰巨的工程，曾经一度都让公司上下“举步维艰”。

由于没有现成的案例，试错的成本和代价很高。正在焦灼之际，公司香港负责人在动员会上的一番话，让所有人疑虑尽消，信心倍增。“这几十万人给了我们一次可以当面跟客户面对面交流的机会，给我们半个小时的时间充分展示技术、服务。这难道不是提升我们品牌影响力的机会吗？”

危机之下，或许蕴藏着转机。与其坐以待毙，不如说干就干。按照国家的图纸，公司展开了项目入户工作，全员争分夺秒总结和改进。遇到问题，不逃避、不退缩，想尽办法解决问题。到2005年6月，整个常州使用燃气的家庭发生了悄然的变化。在他们家中，都更换了更省钱、更便捷的天然气。在人们的口口相传中，港华燃气的口碑得到了迅速的提升。

“当时，整个港华在常州，相当于是一炮打响，还被评为常州市年度的十大好事之一，而且排名是非常靠前的。”总经理黄澔十分自豪地说。

品控管理，夯实品牌根基

百姓的认可来之不易，港华燃气的第一步是用汗水浇灌而来的。

经此一役，港华燃气意识到了品牌的重要性，客户说好就是最好的广告。此后，公司开始有意识地注重品牌管理。通过及时总结此次入户改造经验，不断提升服务品质，将企业品牌意识贯穿在日常工作的每一个环节。随着港华燃气的服务不断升级，可靠、安全、负责、服务好成了很多客户的第一印象。

如何让客户满意？黄澔说，让客户觉得用天然气是安心的，是放心的，把服务做好，整个分两段：第一段就是诉求，客户的诉求怎么样能够很便捷的传递到公司；第二段就是燃气公司接收到这个需求以后，怎么样能够快速高效、充满人性化的解决。“互联网的技术非常重要，要把服务做好，最主要的就是实现沟通零距离。所以后来港华燃气在当地就形成了服务行业的一面旗帜。相比于“用户”，公司更愿意称呼使用者为“客户”。黄澔说，由用户到客户，一个小小的称呼变化，折射出深层次的管理改变——由被动服务转为主动服务。

随着公司生产经营规模不断壮大，“以客为尊”成了公司品牌的新内涵。公司在秉承“百年老店”香港中华煤气“以客为尊”的服务理念基础上，结合当地实际情况，遵从G（增长）=i（执行力）×i（创新）的发展理念，形成了常州港华特有的“以客为尊、创新发展”的全面品质管理模式，力求发展创新化、服务人性化、管理精细化，让管理更简、效率更高、动力更强。

一个优质的品牌，必然有完善的评价体系。常州港华燃气通过四个维度进行评价：第一，员工自豪；第二，客户满意；第三，股东信任；第四，政府放心。“这16个字看起来是并列的，实际上是有逻辑递进关系。首先员工要自豪，他才能够发自内心地去做好服务，员工发自内心为客户服务，客户才能满意，客户满意，我们的业务肯定会做好，那股东就能够有一个合理的回报。等社会反响好了，客户就满意了，股东就信任了，政府也就放心了。”

以客户为导向的意识，已经深入到常州港华燃气的各个环节中。公司通过流程优化管理，跨部门成立营商环境小组，工商服务实现了“四零”“三前”“三全”，常州港华工商客户管道燃气接入服务获得2021年度“江苏精品”认证。

近年来，常州港华燃气从管理服务、技术支撑、专家库建设等方面入手，全方位构建安全管理网络，覆盖管理层到一线安全员，树立全员安全生产理念，构筑上下一体、系统联动的安全管理体系，严格落实燃气安全隐患专项排查整治工作，效果明显。

在业内，常州港华燃气在燃气行业首创综合业务受理模式，实现一站式、定制化、人性化服务。推出365天不间断服务工作制、客户首问负责制、客户自选时段服务等一系列服务举措，具有很好的示范性。同时，公司积极推广质量管理经验，带动了行业内多家公司提升管理、追求卓越，为城市绿色低碳发展贡献力量。

CHAPTER THREE

科技创新助力
自主品牌崛起

莱克电气

全球环境清洁领域的隐形冠军

不做追随者，只做创新者。2004 年起，就成为全球最大的吸尘器研发制造商；29 年来累计生产销售吸尘器等家电产品超过 2.2 亿台……这些成绩的背后，是全球环境清洁领域的隐形冠军莱克电气多年来不断变革与创新的写照。

从聚焦吸尘器 ODM/OEM 出口业务，到围绕电机开展相关多元化业务拓展，再到创立自主品牌，莱克电气专注做环境清洁类绿色小家电，在专业领域中不做追随者，只做创新者，立志让地球更绿色，世界更干净，人们的生活更健康。

坚持差异化创新

1987年底，参军转业的倪祖根调入春花吸尘器总厂工作，期间主持了2万转高速整流子吸尘器电机国产化技术攻关工作。技术能力过硬的他，凭借大量的实践经验，从电机工程师、电机分厂厂长，一路晋升到了总厂副厂长。

到了20世纪90年代中期，改革的春风吹遍中华大地，古老的姑苏古城也涌动着市场经济的第一批"试水者"。1994年，倪祖根借款3万美元，怀揣着成为清洁之王的梦想，创办了苏州金莱克电器有限公司（莱克前身），公司英文名KingClean，从60个工人、一套生产线，开始了吸尘器ODM制造出口之路。

20世纪90年代初期，国内制造业多以OEM（定点加工，即贴牌代工生产）来样加工模式为主，门槛低而且来钱快。但倪祖根却选了ODM模式，针对全球不同地域的市场需求，通过自主创新、自主研发，提供满足客户不同需求的产品，用中国的成本，制造出欧洲质量标准的产品。有了优秀的工业设计、技术壁垒等带来的高附加值，莱克也有了更高的产品价值。

到2004年，莱克吸尘器产销量已突破800万台，成为全球产销量最大的吸尘器研发制造企业，其合作伙伴包括众多世界五百强企业，成为海外吸尘器市场幕后的"清洁之王"。

然后，华丽产销量数字的背后却是"为他人作嫁衣裳"的事实，纵观当时的国内环境，中国人自主研发的产品，却贴着国际品牌在销售，品牌商赚取高额的附加利润，而代工企业只能获得微薄的利润，并且市场一旦出现波动，首当其冲的就是代工企业。公司董事长倪祖根越发意识到，一条腿走路是没有未来的，要赢得市场竞争必须打造自主品牌。

2009年，恰逢美国金融危机，全球经济遭受重创，出口业务不确定性增加，也给倪祖根敲响了警钟。中国现在是世界第一大消费品市场，从企业自身长远发展的战略讲，把国内市场做起来，企业自身抗风险能力才会增强。

危机意识倒逼企业创立自主品牌。相比于其他家电企业，莱克电气创立自主品牌的时间要晚15年到25年，竞争局势更加严峻。在学习了全球多个成功家电品牌经验之后，倪祖根决定瞄准用户需求，避免同质化竞争，打造高端差异化品牌。

2009年，莱克宣布进军国内市场，并正式启用“LEXY莱克”品牌。

为了找准切入点，莱克电气瞄准传统吸尘器只吸尘不擦地以及吸尘噪声大这两大“痛点”，发明了具有擦地功能的风动地刷，开发出两款能够擦地板的“洁旋风”系列吸尘器，而且噪声更低，一举获得了市场的认可。两年时间，这款新产品做到了市场排名第二。“我们通过差异化的创新产品，做出更有价值的产品来切入市场，所以获得了创立品牌的初步成功。”倪祖根感慨道。

瞄准“一高两创”战略

回顾创立品牌之路，倪祖根将今天的成功归功于创新。“我们定了一个策略叫‘一高两创’，一高是高端定位，朝专业化的品牌、高端的品牌去定位；两创是与众不同的品类创新和遥遥领先的技术创新。莱克创牌十几年来，所有产品的发展的基本理念就是‘创造新的产品品类，在性能方面遥遥领先’。”

随着中国市场消费理念发生深刻的变化，消费者对家居生活的品质与居家环境的健康，都提出了更高要求。这样的转变，不仅体现在消费者对传统家电品质和产品档次的升级需求上，也体现在消费者对清洁电器等新品类的巨大消费需求上。清洁电器行业的发展，也由此跨上了全新的台阶。

目前，中国的清洁电器行业已经形成“小产品、大市场”的鲜明特点。倪祖根介绍，全球清洁电器如今已经拥有超过1.5亿台，约250亿美元的产业规模，20多年来的增幅超过200%。中国已经成为全球最大的清洁电器生产制造基地及第二大清洁电器消费市场，拥有完备的产业链和较强的研发制造能力。随着产业能力的完备，莱克电气的产品覆盖到了欧美等所有的发达国家，国内市场占比30%左右，美国27%左右，欧洲市场占据40%多。“目前还是国外出口大于内销的，现在清洁电器国外市场更成熟，但国内市场未来潜力无限。”倪祖根说。

随着互联网的兴起，莱克电气坚持线上线下同时布局，一方面要打造好的品牌形象与口碑，做好互联网营销。另一方面，坚持做好品牌建设的终端，提升用户线下体验。此外，积极和其他高端品牌开展异业合作，打破圈层，跨界营销。

内外联动，实现逆势增长

在莱克电气的发展过程中，也遇到过瓶颈。2018年，面对国内工业化增速放缓、中美贸易摩擦等国际严峻的经济形势，莱克电气提出了“12345”战略，即围绕一个中心，以客户为中心，以创新为动力。面向国内国外二个市场，构建双循环体系。发展三大业务模式：国内大力发展自主品牌，构建内循环；国外继续深耕ODM/OEM，东南亚扩产建厂构建外循环；同时发展新能源行业快速发展所带来的核心零部件业务。聚焦四大产品升级方向：瞄准产品的高端化和大健康需求，广泛采用新能源、无线化技术和智能化、数字化技术。构建“五+五”产业产品生态：第一是构建五大消费品牌产品生态。针对消费分层分级、线上/线下渠道分化、不同使用场景的多样化产品，进行不同的品牌定位，构建了莱克、吉米、碧云泉、西曼帝克、莱小厨五大品牌生态。第二是构建五大零部件产业生态。即利用企业长期以来培育出来的核心零部件技术，包括高速数码电机、精密铝压铸与加工、精密模具、电池包等技术，瞄准新能源汽车、太阳能等高增长行业的新需求，开拓五大核心零部件新业务。

新战略的实施，为莱克电气高质量可持续发展打开了更广阔的发展空间和业务边界。2020年，面对疫情不利因素，公司实现逆势增长，销售收入62.81亿元，同比增长10%，其中下半年增长30%。根据近日莱克电气披露的2022年上半年业绩预报。公司预计2022年上半年实现归属于上市公司股东净利润为4.5亿元到5.2亿元，同比增长35.69%至56.80%；实现扣非净利润4.4亿元到5.1亿元，同比增长42.13%至64.53%。

莱克电气的目标就是为了让世界更干净，让我们家更温馨，更环保，让我们的生活更健康。“莱克的下一个目标，就是要打造高端环境清洁领域的民族品牌。”

LEXY

永卓控股

做强产业 做优品牌

买钢材可以像买菜一样方便，不仅可以私人定制，还可以远程控制……听起来不可思议的场景，就发生在江苏省张家港市永联村的永卓控股有限公司（以下简称永卓控股）。永卓控股旗下永钢集团开发的“特种合金棒材全流程智能化改造升级项目”，根据客户需求，生成个性化生产方案，智能生成原材料采购、生产排期计划，整个制造过程可视化、智能化，全新打造的节能及安环管控平台则将绿色基因融入生产全流程。

近年来，永卓控股在绿色高质量发展理念的指引下，不断向钢铁上下游延伸，成为以钢铁制造为主业，新能源、新材料、物流、建筑、金融贸易等协调发展的产业多元化企业集团。

打造全产业链生态圈

永卓控股的前身是江苏永钢集团，最早可以追溯到1984年创办的沙洲县永联轧钢厂。在国家城镇化建设的市场机遇下，企业规模不断发展壮大。1994年组建成立永钢集团。2002年上马百万吨炼钢项目，由一家单一轧钢企业发展成长流程钢铁企业。2008年金融危机后，喊出“三年再建一个新永钢”口号，年产钢能力提升至900万吨。随着钢铁行业实施“去产能”后，限制了永钢集团做大的空间，且钢铁行业受经济周期影响大，需要降低由此带来的企业经营风险，对此永卓控股主动进行“逆周期”布局。

永卓控股开始延伸钢铁上下游产业链。上游投资布局焦炭、铁矿石等原料资源，下游培育“专精特新”企业，生产模锻件、特种焊材等高附加值产品，攻克“卡脖子”难题。另外，还大力发展市政、建筑产业以及冶金尘泥、钢渣、建筑垃圾等固废资源综合利用产业。现在，永卓控股每年产钢1000万吨，产品国内市场覆盖30个省（自治区、直辖市），海外销往113个国家和地区，其中33个“一带一路”沿线国家和地区。

数字化转型是实现产业升级的重要引擎。只有实现研发、生产、运营、管理、营销和服务全方位的数字化，才能推动业务模式重构、管理模式变革、商业模式创新和企业核心能力提升。它是一个系统性的、复杂的、长期的艰难过程，涉及企业战略、业务、流程、技术、组织、人才等方方面面的变革。

2021年底，企业在永钢集团基础上组建成立永卓控股，将永钢集团作为钢铁制造板块的运营主体，这是从组织上面向未来、推进变革的重要举措。在数字化转型方面，永钢集团没有退路，就是要敢于涉险滩，敢啃硬骨头，风雨之后才能见彩虹，坎坷之后才能见通途。

目前，公司多款“专精特新”产品，应用到港珠澳大桥等知名工程，先后获得“中国工业大奖”“国家科技进步奖”“江苏省省长质量奖”等荣誉。同时，深入贯彻“绿水青山就是金山银山”理念，获得“推动绿色发展示范基地”“绿色工厂”“绿色供应链管理示范企业”等荣誉。积极履行社会责任，参与脱贫攻坚、乡村振兴、民族团结等事业，获评“中华慈善奖”。

跨领域多元布局

高质量发展是全面建设社会主义现代化国家的首要任务。党的二十大报告指出，要建设现代化产业体系，坚持把发展经济的着力点放在实体经济上，推进新型工业化。

永卓控股以钢铁这一传统制造业起家，一直以来始终把精力放在实体经济发展上，在不断地探索和提升中，今天的永卓控股，已经形成了三个实体产业集群。

一是钢铁制造产业集群。响应供给侧结构性改革号召，推进产品“普转优、优转特、特转精”。现精品钢材占比超过70%。港珠澳大桥应用了企业15万吨钢材。特种焊丝钢和贝氏体非调质钢，填补了国内空白。用于风电和能源管坯的1.2米规格连铸圆坯为全球最大。非调质钢、以轧代锻圆钢等产品市场占有率稳居国内前列。拥有2个省级智能工厂和7个省级智能车间。在钢铁行业专利创新指数评选中，位列民营钢企第一。

二是新能源产业集群。正在加快推进张家港海进江LNG接收站项目，为国家长三角一体化重点能源基础设施项目，是国家在长江沿线布局的LNG接收站之一。该项目占地约528亩，建设规模为300万吨/年，包括接收站工程、码头工程及配套外输管线，对于苏州地区天然气保供和储气调峰，调整区域能源结构，助推张家港东部经济发展和能源供应具有重要意义。

三是新材料产业集群。总投资50亿元，建设1.2万吨高性能碳纤维项目，打造形成“聚合纺丝—原丝制备—纤维碳化”碳纤维全产业链。该项目分两期建设，一期项目计划于2024年投产，产品包括T700、T800高性能碳纤维，主要的目标市场集中在民用航空、压力容器、高端体育休闲等领域。

布局金融贸易产业，走“工贸结合”“产融结合”道路，拓展大宗商品综合服务、供应链金融、融资租赁、保理、投资等业务。经过一系列的“强链”“延链”“补链”，集团的抗风险能力和竞争实力有效增强。2022年，集团营业收入突破1450亿元，非钢板块营收占比超过了50%。

服务社会造福桑梓

漫步永联小镇，现代工业文明和传统农耕文化在这里交相辉映，域内河网密布，一座座小桥，横跨于碧波之上。沿着步道漫步，与芦苇、美人蕉等亲密接触，偶尔还能远观到白鹭戏水的美景。周围居民不禁感慨，环境变化之大，让人们生活的幸福感不断提升。

变化的背后，是永卓控股秉持“既达国标、更达民标”的理念，始终把绿色发展列入企业转型升级的重要内容。党的十八大以来，企业累计投资超60亿元，从水、气、声、渣等方面加强环境综合治理，不断引进新技术、高端装备，通过一系列升级改造，让“厂区变景区，工厂变公园”成为现实。企业也成为江苏省首家全面完成超低排放改造和公示的钢铁企业。

“‘绿色低碳’一直是企业发展的重中之重，要为当地百姓负责，要为全体员工负责，更要为全社会负责。”永卓控股党委书记、总裁吴毅说，做好绿色环保，造福社会，这是永卓控股义不容辞的社会责任。

长期以来，永卓控股的理念一直是服务社会，造福社会，才能实现可持续发展，打造优质品牌。在稳健发展的同时，从员工关怀、乡村振兴、民族团结、绿色发展等多个方面模范履行社会责任。获得了“中华慈善奖”“全国模范职工之家”“全国民族团结进步示范企业”“推动绿色发展示范基地”等众多荣誉。永卓控股始终践行共建共享理念，为企业所在地永联村保留25%的股份，把带领一万名职工和永联村一万名村民实现共同富裕作为根本追求，让百姓的生活更有幸福感、获得感！

金鹰集团

从商业帝国到科技品牌“进化史”

立足于时代洪流下，科技创新已经成为产业发展和行业竞争的“主战场”。谁能率先抓住“科技”这一关键命脉，谁便能掌握引领创新的主动权。航行在时代的巨轮之上，金鹰集团始终坚持“绿色低碳、科技创新”的发展理念，将绿色低碳、科技创新作为最鲜明、最独特的品牌标识。

品牌转型：从传统百货到全生活服务平台

成立于1992年的金鹰国际集团，见证了南京的城市化发展。30年步履不停，不仅为南京带来了地标性的城市综合体，还先后在南通、扬州、苏州、徐州、上海等地建立购物中心，为当地居民带来了同步世界的产品与服务，丰富了人们的生活。

紧跟时代发展浪潮，金鹰集团瞄准时机，先手布局。

2004年，在联合国全球契约组织报告中，ESG概念被首次提出。针对资本市场，它要求从环境、社会与公司治理三大维度去考量一家企业的综合水平。拥有良好的ESG表现，不仅意味着企业要落实社会责任担当，还有助于其实现长期的价值创造。而ESG所秉持的平衡经济、环境、社会价值的理念，与金鹰集团一直以来持续发展、永续经营的使命不谋而合。

其实，在过去的30年发展中，金鹰持续践行ESG，追求可持续发展。作为ESG实践的先行者，金鹰集团从传统百货起步到转型全生活服务平台，金鹰集团现在更是将触手拓展至企业可持续性发展的方方面面，从绿色智慧、低碳减排到科技创新都走在了前列。

其实，早在国家“双碳”目标提出之前，金鹰集团就早有布局，在“双碳”目标驱动下，金鹰科技集团积极响应，要将践行ESG理念作为未来发展的核心，让绿色优先、智慧发展贯穿于全业态全生命周期的每个阶段。

2022年是金鹰成立30周年，也是金鹰科技的元年。金鹰科技集团将围绕商业建筑打造绿色低碳的全生命周期解决方案，打造“科技、科创、创投”三轮驱动的发展模式，进一步推进金鹰集团绿色低碳的转型发展。

聚焦建筑全生命周期绿色低碳发展，金鹰科技集团首先从建筑设计、施工建造阶段开始，广泛运用可再生能源技术，以被动式技术降低建筑能耗、主动式技术提升设备效率，实现节能减排，构建优质的环境生态。截至2022年底，金鹰共拥有18座绿色商场，其中南京金鹰世界以100%得分率获得国家级“绿色商场”荣誉称号。未来，金鹰将实现旗下绿色商场全覆盖。此外，金鹰所有项目都将按绿色二星以上标准建设，目前已获得23个绿色建筑国家级认证，累计认证面积达360万平方米。

为了节约运营成本，进一步帮助集团实现更高能效、人效以及品质，金鹰科技的重点发力在运营阶段。主要是通过智慧物业实现建筑节能与管理提效。截至2022年底，金鹰科技完成对集团25家门店的空调系统改造，年节电1224万度。其中联合天加对南京新街口店高效机房改造，空调系统节能率达到35%。2020年开始，金鹰科技对电力设备进行节能运行优化管理，调节后每年可节约电费约493万元。预计到2024年，金鹰科技将完成集团16家门店的屋顶分布式光伏发电项目建设，预计每年可消纳自产绿电约900万千瓦时，其中扬州新城市中心店单个项目每年即可减少二氧化碳排放量400吨。

品牌赋能：布局“双碳”产业链

在南京金鹰世界的55楼空中城市展厅，有这样一个令人瞩目的绿色低碳科技馆。在这里，不仅展示着金鹰及金鹰的合作伙伴在绿色低碳方面科技成果和实践，也是一个集互动、艺术、科技、体验于一体的科技馆。展项包括东大碳研院、天加、维纳科技、万邦能源等合作伙伴的成果。此外，这里也将作为金鹰科技会客厅，定期地举办沙龙、论坛、路演以及产品发布会等，为战略合作伙伴提供一个开放的生态展示平台。

这是"双碳"时代背景下，金鹰围绕低碳节能、生命健康、智慧物业、新兴科技、元宇宙等方面的研究及践行的一个缩影。

未来，金鹰集团以南京金鹰世界B座科技大楼为载体，将其打造成金鹰的未来产业基地，立足"载体+金融+服务+产业"四位一体的产业服务，围绕着"双碳"领域智能制造、工业软件领域，涵盖创客、孵化器、加速营以及科创公司总部等形态，为孵化科技项目、投资有潜力的新兴企业，搭建载体、政策、金融以及市场的赋能，同时这些企业也会享受金鹰的酒店vip和商贸会员等权益。

除了科技和科创的赛道布局，金鹰科技还在资本领域积极地布局双碳赛道，目前投资了齿轮箱市场份额排名第一的南高齿，与天加集团一起收购了意大利的生物质发电、低温余热发电的优秀公司，投资了一些清洁能源的优质项目。今年金鹰也在筹划创投基金，预计年底前能够落地，这支基金的主要领域也是在双碳、智能制造、工业软件等，希望能够为更多的优秀创新企业提供良好的发展平台。

随着社会的发展，人们生活水平不断提高。金鹰国际集团肩负顾客的爱与信任，秉承对美好生活的追求，与城市共生、与人们共情，不断探索人、建筑与城市的关系。将ESG、科技、低碳、人文、艺术、健康等理念融入自身发展，与人们一同感受时代的脉动。

在未来，金鹰集团将继续以社会责任投资作为企业发展的追求，坚持"绿色优先、智慧发展""高质发展、创新驱动""以人为本、美好生活"，打造更高品质的全生命周期服务平台，实现与员工、合作伙伴、消费者以及城市共生、共好，为彼此带来更好的"金鹰生活"。

沪宁钢机

让大国重器走向世界

上天有“神舟”，下海有“蛟龙”……在中国快速发展的时代大浪中，涌现出一批彰显“中国速度”和“中国智慧”的大国重器、超级工程，而其背后挺起中国民族工业发展的“大国重企”同样令人瞩目。

在江苏宜兴，就有这样一个创造奇迹的企业——江苏沪宁钢机股份有限公司。在沐浴改革开放的春风下，40年来，它厚积薄发，用过硬的产品质量和精益求精的工匠精神，在建筑行业烙下了最鲜明的印记，撑起了一个又一个走向世界的“中国符号”。

匠心打造精品工程

随着我国经济建设规模不断发展壮大，沿江、沿海城际交流、地域互通迫在眉睫，跨江、跨海公铁两用特大型桥梁建设更成为重中之重。素有“中国建筑钢结构质量第一品牌”之称的江苏沪宁钢机股份有限公司，继早年参与建设江苏淮阴大桥、上海南浦大桥、上海卢浦大桥、上海东海大桥等一系列特大型桥梁之后，如今又屡创佳绩：成功建设了珠三角入海口的世界首座公铁同层多塔斜拉、世界罕见宽桥面跨海大桥——金海大桥；中国首座四线高低塔双索面混合梁高铁斜拉桥——福厦高铁乌龙江特大桥；钱塘江上的悬链型上加劲连续钢桁架上、下分层公轨人行多用途千米级大跨度桥梁——新彭埠大桥。

这些令人瞩目的跨江、跨海特大型经典桥梁工程，再次向世人和业界展现沪宁钢机精湛的技术水平，诠释了沪宁钢机对工程建设质量高精尖孜孜不倦的追求精神。优质的工程质量受到了业主的高度赞扬，这是沪宁钢机以民族品牌进军市场的坚毅意志和顽强信念，始终不渝地以工程质量为第一的企业精神。

在浙江钱塘江新建彭埠大桥的工地上，沪宁钢机也大展身手。新建的彭埠大桥是悬链型上加劲连续钢桁架上、下分层公轨人行多用途千米级大跨度桥梁，是沪杭甬高速公路改建工程的一部分，将为浙江经济社会发展提供重要支撑。

从高空俯瞰，这座全长1350.8米，桥面宽度达36.8米的宏伟大桥宛如游弋在钱塘江之上的一条出水巨龙，而桥梁造型好似“江潮浪花”恰与“奔竞不息、勇立潮头”的新时代钱江精神相契合。新彭埠大桥是杭州亚运会“亚运村”与杭州市区重要连接枢纽工程，沪宁钢机负责新建彭埠大桥主体钢结构的供应与现场大合龙和焊接。在历时48小时的连续顶推施工后，两条长105米、宽37米，总重量达5600吨的钢桁梁成功架在大桥上，往跨中顶出6个节间。而这千吨级的钢桁梁，均由沪宁钢机桥梁生产基地京沪重工滚装上船，水运至新建彭埠大桥桥位。而沪宁钢机完全具备建造特大型跨江跨海大桥的能力。更彰显沪宁钢机功底的是新建彭埠大桥的钢桁架桁片采用全栓接工艺，在制作过程中，采用精密下料、智能自动化焊接、数控精密钻孔等先进技术，在安装过程中其穿孔率达100%。由此，沪宁钢机加工钢结构件的精确度，安装水平之高可见一斑。

对于企业而言，勇于承担社会责任，积极回馈社会，不仅代表了一种软实力，也彰显了核心竞争力，更是企业可持续发展的重要基石。作为行业龙头企业，沪宁钢机在建筑行业有着不可磨灭的贡献。近期，国内首座空间网状弯曲拱桥——成都未来科技城东一线跨绛溪河大桥成功合龙。该桥在全球首次采用异形纯钢管网壳拱结构，在相贯节点设计、焊接工艺与疲劳性能等方面成功突破世界级难题。其背后的技术施工支持，就有沪宁钢机的智慧力量。

做优做强自有品牌

40年来，沪宁钢机在一些国家标志性钢结构建筑建设中，始终独占鳌头。工程涉及超大型国家体育场馆、国际机场航站楼、高铁站房、超高层钢结构建筑等一系列高难度钢结构工程。在这些工程中应用大量的厚板焊接、异型钢板弯扭构件、超大型复杂钢箱梁等高难度的金属加工制造、安装工艺，其水平、工程质量堪称一绝，得到工程业主方高度赞扬。截至目前，沪宁钢机共承建900余项国内外重大标志性钢结构工程，累计获得授权专利384项，荣获中国建筑行业工程质量最高荣誉鲁班奖58项、中国钢结构金奖201项、詹天佑土木工程大奖15项、国家优质工程奖19项。

成绩的背后，凝聚着沪宁钢机多年来的工匠精神与浓厚的家国情怀。是企业过硬的产品质量和一直以来坚守的匠心精神，是一代代沪宁钢机人打破技术垄断，勇于追梦，共同锻造“大国重器”之奇迹。

早在2005年至2007年，沪宁钢机技术团队就参与建设了“鸟巢”、北京南站、北京饭店二期等多个2008年北京奥运会重点工程。凭借在这批工程中的优异表现，沪宁钢机以综合评比第一的成绩从众多北京奥运场馆及配套项目的钢结构参建企业中脱颖而出，获得了由中国金属结构协会颁发的唯一一块“中国建筑钢结构质量第一品牌”。

从勇担使命，让产品应用于大国重器，到服务民生，造福社会百姓，是沪宁钢机做强做优自由品牌的重大转变。这源自其企业发展的强大内核——坚持精益求精的工程质量，有高度的社会责任感、荣誉感。一块块奖牌、一张张证书、一枚枚奖章见证了沪宁钢机40年来波澜壮阔的发展历程，更是老牌企业在工程质量上创造出辉煌业绩的生动写照。

未来，沪宁钢机将再一次为“挺起了中国人的脊梁”谱写新的篇章，为世界大江大海架设新的钢铁巨龙，为我国经济建设做出新的卓越贡献。

苏州远东砂轮

“磨”出来的国际大牌

随着原材料和劳动力成本的变化，生产成本也在相应调整，这要求中国的砂轮产业转变发展方式，从原先的产品经营逐渐转向品牌经营。作为中国机械工业联合会磨料磨具行业的重点龙头企业，苏州远东砂轮有限公司凭借 70 余年的科研积累、自主创新、生产经营和企业文化沉淀，专注于生产高品质的涂附磨具和固结磨具。其综合经济指数已经连续 10 余年位居全国磨料磨具行业前列，稳固地屹立于中国磨料磨具行业的巅峰。

从砂轮小厂到龙头企业，品牌健步走向国际化

苏州远东砂轮有限公司创建于1951年，前身是苏州砂轮厂，公司主要开发生产陶瓷、树脂结合剂磨具、涂附磨具、金刚石和CBN磨具、电镀超硬制品、金刚石修整滚轮、金刚石锯片和钻头、金刚石研磨膏及各类专用砂轮如磨玻璃、磨磁性材料砂轮等。70余年来，企业人秉持聚沙成塔，集腋成裘的企业理念，在生产技术钻研中不断兼收并蓄，薪火相承。

自20世纪80年代引入全面诊断管理以来，苏州远东砂轮不断加强内部管理，提升产品质量。后来，公司加入了工程QT小组，进一步推动了质量管理体系的建设和完善。在1998年，苏州远东砂轮成功通过了挪威船级社（DNV）ISO9001质量管理体系认证审核，这标志着公司质量管理水平达到了国际标准，也为公司跻身全国领先品牌行列奠定了坚实基础。

在激烈的市场竞争中，一个缺乏独特性和个性化的品牌很难在国际市场上取得成功。而品牌成功的背后，是数十年充满艰辛的努力奋斗，是无数次勇立潮头的艰难抉择，更是一步步勇于尝试、勇攀高峰的战斗企业精神——聚沙成塔。

苏州远东砂轮已在苏州制造业中独领风骚，同时在全国范围内也名列前茅。企业已顺利通过江苏省AA质量信用认证，并计划争取江苏精品品牌认证。为了持续提高自身的品牌影响力和市场竞争力，苏州远东砂轮将进一步角逐苏州市市长质量奖和江苏省省长质量奖。

目前，苏州远东砂轮的技术中心拥有40余名在编技术人员，开发团队履行项目负责制，团队内部划分为技术开发小组和产业化销售小组，实现了研发、生产和销售的有机结合。

技术人员专注于工艺配方的研究与优化，生产人员则负责验证工艺配方是否满足客户的生产要求，并确保生产条件符合客户需求。销售人员则负责在市场上推广产品，收集市场信息，为开发小组提供决策依据。这样的团队构成使得苏州远东砂轮能够更高效地响应市场需求，并持续提升其品牌影响力和市场竞争力。

基于自身的实际情况和全球砂轮技术的发展趋势，远东砂轮制定了双平台战略。一方面，远东砂轮积极投入研发新产品开发平台，致力于不断优化产品制作工艺，革新设备技术，并在此过程中积累丰富的技术经验。另一方面，通过磨削试验平台，远东砂轮深入推进应用方面的研究，从而极大地提升了生产效率和科技创新水平。目前，企业主要生产的两大拳头产品——固结磨具和涂附磨具，均已达到国内领先水平，正向着世界一流品牌稳步迈进。

为了持续优化产品性能，远东砂轮开展了大量的磨削试验。这些试验不仅为客户提供了一系列实际应用中的技术参数，如适当的转速和压力，还能帮助评估每一批次产品的使用波动和稳定性。通过收集和分析这些详细的实验数据，远东砂轮能够为客户提供针对性的优化改进方案，从而加速产品的开发进程。

值得一提的是，2021年，远东砂轮研发的《磨削大浇注口专用涂附磨具》荣获了中国机械工业科技进步奖三等奖，充分体现了其在技术创新和产品开发方面的实力。远东砂轮将继续致力于为客户提供更优质的产品和服务，推动砂轮行业的持续发展。

3Q 品牌发挥“聚”能效应

苏州远东砂轮历经73年的风雨洗礼，依旧历久弥新、历久弥坚，这与其持续注入品牌力量密不可分。远东砂轮拥有两个品牌商标："三圈"牌固结磨具商标和"3Q"牌涂附磨具商标。这两个商标都蕴含着"聚沙成塔"的深刻意义，所谓"聚"，一聚员工的智慧，二聚八方的英才，三聚先进的技术，四聚优势的资源，会聚这些资源，共同铸造"三圈"和"3Q"的品牌。

企业中的老一辈员工深信，只有精心打造这一品牌，才能成就一家百年老店，更好地参与国内乃至国际市场的竞争，这是远东人坚定不移的理想目标。

从配方设计到产品试用，再到获得客户的认可，这是一个漫长且充满挑战的过程。在过去，由于生产条件和技术方面的限制，前期的产品经常未能达到预期标准。以高速砂轮为例，由于缺乏性能稳定性，经常引发一些事故，导致客户购买时心存疑虑，即使购买了也不敢大胆使用。

然而，经过企业技术团队的不懈努力和持续探索，远东砂轮克服了重重困难，最终完成了设备的升级改造。这不仅提升了产品的稳定性，也赢得了客户的信任与满意。

远东砂轮一直贯彻落实"重细节铸精品，求卓越为顾客"的质量方针，企业决策者们深刻意识到精品是求不来的，精品一定要自己铸造。从手工制造到机器制造，从推行作业绩效评价制度到不断优化管理质量水平，追求卓越品质是远东砂轮永恒的追求、不变的主题。

2007年，远东砂轮经过整体搬迁，启动了全面的产业升级计划。随着先进大型设备的引进，生产的智能化水平得到了显著的提升，不仅提高了生产效率，还降低了职工的劳动强度。

随着智能化程度的不断提高，远东砂轮开始全面采用金刚石加工拼装，并严格按照自行制定的标准来生产。因此，企业的生产加工精度不断提升，以往需要反复修整才能满足客户需求的产品规格，如今可以一次性制作到位。

远东砂轮深刻铭记“聚沙成塔，屹立远东”的“三圈”“3Q”精神，始终坚守初心，致力于立足国内市场，积极拓展国外市场，做大中国砂轮产业这块蛋糕。同时，远东砂轮的战略视野正逐步向全球延伸，积极参与德国科隆、美国亚特兰大、拉斯维加斯等国际展会，与欧美、东南亚、中东地区的众多客户建立了稳固的合作关系。通过这些努力，全球范围内的客户都能领略到3Q品牌高品质产品的魅力。

未来，苏州远东砂轮将进一步提升企业技艺，提高产品质量，凝聚企业精神，全力打造卓越的企业品牌，同时，加强科研能力，诠释时代创新精神，努力将远东砂轮有限公司打造成为真正承载大国工匠精神、彰显大国崛起文化自信的国家名片。

视觉中国

新工集团

守局者稳
破局者存
掌局者赢

弹指一挥间，由医药集团、机电集团、轻纺集团、化建集团四家产业集团重组而成的新工集团已经走过了十个年头。十年间，新工集团从重组落地到蹄疾步稳、纵横江南，从纤纤细苗到根深叶茂、傲立风雨。

目前，新工集团拥有30家全资控股企业、36家参股企业。截至2022年末，集团资产总额为869.42亿元，2022年完成营业收入608.20亿元，实现利润总额21.30亿元，集团位列“2023中国企业500强”第375位。新工集团走过的峥嵘岁月，正如瞬息万变的投资市场，表面上看风平浪静，于内里却暗潮涌动、风暴频起，十年历程值得我们回首再望，以鉴未来。

回首新工集团的十年，是不断探求实现国有投资与自身发展的良性互动，在特定历史背景下抉择、转折、奋斗、坚持、发展的史诗般历程，是新工集团在政府的殷切期望下，不断遵循市场规律、担当社会责任的过程，也是南京10年来跨越发展的铿锵亮点，是推动新兴产业发展、扶持产业转型等大事件的生动缩影。

守局者稳——守住传统业务，挺直工业脊梁

工业作为经济“压舱石”，对于稳住国民经济发展有着不可替代的重要作用。南京工业体系完整，从产业结构上看，南京是全国重要的综合性工业生产基地，产业门类齐全，电子信息、石油化工、钢铁等成为工业支柱，拥有大量的重工业生产基地、工厂，产能以及产值均居全国前列，工业化经济十分发达。作为历史文化名城的南京，曾经也是风光的工业大市。

新工集团的前身是南京市原十五个工业局（公司），重组新工集团是时势使然、应运而生，地处六朝古都南京，对外是江苏的产业门面担当，对内是引领投资的风向标。2012年，根据《关于实施综合改革工程意见》（宁发委[2012]34号），南京新型工业化投资（集团）有限公司更名为南京新工投资集团有限责任公司。作为市委市政府直接管理的国有企业集团，新工集团面对疫情的冲击，迎难而上，始终

坚持党建引领改革方向，在南京的经济版图中占据着重要地位。在全市国资系统中，用8%的资产创造了47%的营收，贡献了16%的利润和15%的税费。

新工集团成立十年来，取得了显著成绩，效益水平稳中向好。根据市委市政府赋予新工集团的职责，新工集团肩负着推进先进制造业和战略性新兴产业发展，对重大产业发展项目融资并进行先导性投资的重任；承担着市属国有工业企业的经营管理、资产保值增值及维护稳定的重要任务。

不忘初心，使命必达，这是巍然的“新工风范”。今天的投资就是明天的生产力，新工集团力促工业回归正轨，为稳住经济大盘和维护社会稳定大局做出财政新贡献，用实干与担当谱写南京市经济发展新篇章。新工集团董事长王雪根表示，我们要尊重历史，原有的工业基础是前辈们留下的奋斗成果，我们要守住前辈们留下的传统业务。我们既要贡献国家税收，也要保障员工工资和股东利润，我们干好国企，就是真正不忘初心，牢记使命。

破局者存——提供精准对接通道，改革创新引领产业发展

党的十八届三中全会以来，以加快监管方式转变，实现国资监管机构由“管资产”向“管资本”转变为改革主导方向的新一轮国企改革正式拉开序幕。2020年6月，中央深改委第十四次会议审议通过《国企改革三年行动方案（2020-2022年）》，明确了新一轮国企改革目标、时间表、路线图。新工集团国企改革三年行全面完成全级次98家企业1011项改革任务。新工集团作为南京市唯一一家国家级双百改革加省级国有资本投资公司改革试点市属企业，敢为人先、勇立潮头，通过改革创新不断促进集团高质量发展。在南京新一轮发

展部署中有着举足轻重的作用，见证了南京产业结构转型升级的转变，并在实践自身使命的过程中完成了企业发展的华丽嬗变。

新工集团作为地方国企，原来技术创新基础相对薄弱，近年来该集团面向科技自立自强，坚定不移推进科技强企战略，全面融入南京引领性国家创新型城市建设，形成“4+6”科技创新体系，集团在科技政策供给、自主创新能力提升、创新型企业培育三个方面持续发力，不断激发高质量发展内生动力。“十四五”以来，集团年度研发经费投入复合增长率超过35%，累计承担国家科技重大专项7项，参与28项，累计建成各类创新平台19个（其中博士后工作站3个），培育认定高新技术企业10家、科技型中小企业5家，南京工艺入选国家制造业“单项冠军”示范企业，中旭电子、先正电子入选国家级专精特新“小巨人”名单。

随着城市化进程的发展，工业发展与能源环境之间的平衡问题日益加剧，实现工业遗存地段重归城市，必须打破长期与城市分离的状态，实现与城市产业结构有机结合。新工集团从产业园区的角度进行更新和改造，让产业园区更好地融入城市生活，为南京城市产业转型升级带来新契机和新动力。

新工产业园的建设是工业遗存的再利用的有效手段之一，其根本目的就是促进产业经济转型升级，提升城市功能，优化土地利用，提升地块整体空间利用水平。然而，工业遗存的更新往往面临着地块在开发带来的利益与工业价值体现之间的博弈。集团按照“定位一个细分产业、依托一家核心企业、构建一个共性平台、建设一个科创载体、设立一支股权基金、集聚一批科创企业”的“六个一”模式着力打造科创载体，集聚集群优质产业发展资源。同时，围绕“资产产业化、数字化、证券化”，不断提升资产经营水平。集团利用9家产业园区优质资产争取发行公募REITs，实施固定资产证券化，并以此形成开放的资产投资和运营平台。

掌局者赢——秉承投资新兴理念，深入实施品牌战略

十年来，新工集团形成了资产，聚集了资源，拓展了产业，可以说投资是驱动集团发展的直接动力。新工集团能有今天的发展局面，是它充分发挥国有资本引领投资作用，以投资关联产业带动形成多元化业务格局，奠定了深厚的发展基础。

从产业发展纬度上看，对于雄厚的国有资本，融资后最直接的方式就是并购和产业整合。但是，并购之后依然面临着整合运营的难题，化解各公司发展中的瓶颈难点，使被并购企业重新焕发出新的生命力，实现可持续发展，是国有资本并购融合后续发展的重要议题。

品牌的本质是一种认知，承载着企业的核心价值。2022年，南京市国资委提出了“三稳三进”的工作主线，坚持稳增长、稳主业、稳环境，进一步提升国资品牌影响力，进一步提升创新引领力，进一步提升数字监管力。近年来，新工集团实施品牌战略，致力于打造新工产投国资品牌，努力提升品牌价值。

新工集团不做财务投资人，而做产业投资人，深度调整基金化投资策略，全面实行“三个优先”的投资原则，积极拥抱新兴产业，将散落在各个企业的产业进行整合，统一品牌和管理模式，聚集更多产业，其投资的第三代半导体、膜工程新材料等新兴领域，具有广阔的发展潜力。新工集团利用国有资本，打造新工产投品牌，致力于成为优秀并购控股型基金，用实业的精神干金融投资，创造正向价值，持续不断地构建自己的能力圈和“护城河”。

品牌是最宝贵的无形资产，虽然品牌不是任何情况下的唯一选择，但不失为一种最优选择。新工集团董事长王雪根表示，品牌的建立不是一蹴而就的，创建品牌是一个需要长期投入、艰苦而又风险的选择，却是一个长远而富有智慧的选择。纵然深化实施品牌战略的道路上交织着艰巨性、复杂性、长期性，新工集团始终将国企改革摆在重要位置，锲而不舍清障破壁，提升国资品牌影响力，提升国有企业在高质量发展中"挑大梁"的能力。

站在新的历史起点上，新工集团未来将承担更多国有企业先导性投资的重任，不断改进投资发展理念，用新思路、新思维来应对难题。一方面担当好新工集团的历史使命，聚焦国有资产投资不动摇，发挥新工集团的社会影响力、投资带动力、资源聚合力；一方面同步推进新兴产业关联项目，发现价值、创造价值、实现价值，以积极稳健的投资形成优质资产，促进产业升级，把握"核心企业+科创载体+基金化投资"的发展路径。

展望未来，挑战与机遇并存，在未来征程中，新工集团将坚持党建引领、创新驱动、改革赋能，努力打造符合高质量要求、具备国际化视野、拥有核心竞争力的国有资本投资公司，将其做大做强做优。新工集团一定能够无愧于时代的责任，不负机遇的垂青，在谱写新时代南京发展新篇章中留下浓墨重彩的一笔，实现拥有"守土无近忧，拓疆有远虑"的良性发展状态。

中圣科技

环保开创未来
品牌再赋价值

随着国家对生态环境保护的持续重视，环保行业的格局悄然发生着变化。多方资本涌入，市场进入存量整合期，不仅打破了以往零散的行业发展状况，环保行业的竞争也逐渐向“品牌时代”过渡。具备良好的品牌形象、业务布局完善、资源整合能力强劲的企业逐渐在激烈的商战中崭露头角，中圣科技便是其中之一。

做强做优主业，点亮品牌底色

中圣科技多年来专注于清洁能源核心成套装备，高效换热设备的研发、生产、销售及技术服务，依托“高效传热”等核心技术，通过先进技术和高端材料的使用，助力客户实现节能增效和低碳环保，为实现国家“双碳目标”贡献力量。中圣科技的成长紧扣时代脉搏，抓住机遇，成为环保领域企业中的佼佼者。进入高质量发展阶段，中圣科技在做强的基础上，更加重视提升自身运行质量和持续发展能力，2020年荣获南京市市长质量奖，2021年荣获江苏省省长质量奖提名奖。

时间拉回到1998年，南京工业大学的老师下海创办了中圣，长期致力于科技成果产业化，2005年中圣集团在新加坡上市，今天的中圣已经成长为规模强大、实力雄厚、管理卓越的企业。2021年起，中圣科技（江苏）股份有限公司从新加坡主板上市公司中圣集团中拆分，将积极实施融入国内资本市场的战略，实现资本与技术的融合，助推社会经济高质量发展。

公司积极推行卓越绩效管理，以“高端材料、高端技术、高端客户”为发展定位，坚持“一次把事情做对”的质量管理理念，根据产品非标生产的特点，提出了全流程质量链管理模式。强化项目、设计、工艺、检验、采购、生产制造各环节的协同，做到：策划在先、数据透明、过程可控、科学决策，提高项目整体管控能力，保证产品质量。并通过灭灯系统的支持，实现体系管控、技术管理、项目实施智能化，生产进程可视化，产品质量透明化，推动公司产品质量的持续提升。

品质铸就品牌，质量就是企业的生命，中圣科技通过现代化的管理手段提高了企业品牌质量的驱动力。正是高品质、高质量的产品促使中圣科技在短时间内成长为名优品牌，也成为企业后续资本运营和资本扩张的强大武器。

小创新大节能，助力实体经济

我国处在转变发展方式、优化经济结构、转换增长动力的攻关期，其中既有严峻挑战，也蕴藏着大量创新机遇。中圣科技秉承“增产节能，效益型环保”理念，以技术研发为驱动，以清洁能源核心成套装备、节能环保工程服务为基础和支撑，致力于帮助社会解决节能降耗、增产增效等问题，既能服务国家战略，又能强化产业功能，在助推实体经济发展的道路上功不可没。

在青藏铁路建设中，中圣科技起到了举足轻重的作用。青藏地区环境特殊，其冻土问题给铁路建设造成了极大的困难，而架桥、放石头、遮阳篷和隔热板这几种方法都会对环境造成不可逆的破坏。

中圣科技董事长郭宏新另辟蹊径，大胆创新，带领团队自主研制开发的热棒技术，能够保证多年冻土不融化下沉，确保路基的稳定，成功解决了多年来一直困扰中国科学家和青藏铁路建设者的重大技术难题——青藏铁路路基多年冻土层夏季融沉、冬季冻胀的不稳定问题，为国家节约了大量的资金，同时有效地保护了可可西里冻土区的生态环境。

该技术产品获得了中国科学院和青藏铁路专家组的充分肯定，被指定为青藏铁路冻害处理的唯一技术储备，受国家委托制定的《热棒》标准获得“国家标准创新贡献奖”，热棒技术被评为“中国科学院改革开放四十年40项标志性重大科技成果”，“青藏高海拔多年冻土高速公路建养关键技术及工程应用”项目荣获“2020年度国家科技进步奖”。

中圣科技依托自主创新能力，坚持走国产化创新之路，不断推动清洁能源、节能环保等科技成果的产业化，在帮助客户、社会解决问题的同时，助力产业振兴发展，服务实体经济。

践行绿色发展，赋能品牌价值

绿色发展是构建高质量现代化经济体系的必然要求，中圣科技在践行绿色发展的道路上实现了一次又一次的跨越。伴随着太阳能光伏产业的一路“飞奔”，中圣科技围绕产业痛点，研发出的多晶硅冷氢化反应器，解决了高污染、高成本、高电耗难题，实现了废弃物的清洁化、资源化，有效地推动了我国光伏产业发展整体进度。

公司秉承“引进、消化、吸收、再创造”理念，依托强有力的研发创新能力，长期致力于重大装备国产化研发和制造。2012年，中圣科技首次承担了中石化LNG成套装备国产化“十条龙”科技攻关项目，此外，还先后承担了中海油、京津冀保供等项目的气化成套装备国产化，为我国LNG气化器的国产化和国家能源安全做出重要贡献。

多年来，中圣深耕“余热+”节能减排减碳技术，以高效传热元件技术研发为核心，以节能装备制造为基础，致力于工业领域能量回收与利用；还先后完成了中石化、国家能源集团等企业的高含盐废水零排放EPC总承包项目，实现了废水无害化处理及资源化利用，助推减碳、减排，创造了良好的社会效益和经济效益。

品牌竞争力是企业实现可持续增长的动力源泉。多年来，中圣科技以高端制造和工程服务为基础，研发创新为动力，通过强化环保技术支撑和资源优化、创新环保产业商业模式，打造着中国环保品牌，实现高质量发展，以高水平的企业形象站在国际竞争的擂台上。

目前，中圣科技已为亚洲、美国、欧洲、澳大利亚等多个国家和地区提供产品与服务。中圣科技彰显了我国环保产业的优秀水平，未来将继续对标世界一流标准，持续向着我国环保产业的“国家品牌”与“国际品牌”迈进，为中国环保的高质量发展贡献力量。

徐工集团

国之重器
走向世界的“中国名片”

徐工集团正式成立30多年来，按照以工程机械为核心的多元化发展战略，建立了以国家级技术中心为核心的技术开发体系，始终保持中国工程机械行业排头兵的地位。徐工集团作为我国机械制造行业最优秀的企业之一，在攻坚克难的道路上始终拥有一根筋的专注，保留一种激情，保持一份清醒，“大国重器”的风采尽显淋漓。

勇攀全球工程机械产业珠峰

徐州是长三角北翼重要中心城市，素有“工程机械之都”的称号，徐工集团就坐落于此。徐工集团的前身诞生于战火纷飞的年代，时间回溯到1943年，许世友将军麾下的鲁南第八兵工厂在战乱中顽强生存，成为新中国工程机械行业的奠基者。

20世纪50年代末至60年代初，徐工怀着一颗产业报国心，开始进入机械工程领域，在全国工业经济相对萧条的大环境下，初步形成起重机、压路机、装载机的产业雏形，从此打起中国工程机械产业发展大旗，为国家工业化发展、国防建设做出了积极贡献。

制造业高质量发展是我国经济发展的重中之重，建设社会主义现代化强国、发展壮大实体经济，都离不开制造业，而装备制造业又是制造业的脊梁。1989年，伴随着国家企业集团化改革，徐州市将一批主机企业和零部件企业分离出来，组建生产经营型企业实体——徐工集团。

随后，徐工集团调整混凝土、路面养护、筑路机械等相关产业，完善回转支承、驱动桥等基础零部件产业，形成较为齐全的产业门类。为实现多元化扩张，徐工集团先后收购、兼并和托管了蚌埠柴油机厂等多家企业。徐工集团肩负使命，不负众望，探索形成了“以工程机械主机为核心，联合带动零部件、协作厂家共同发展”的独特产业模式，成为中国工业企业集团化改革的样板。

改革开放40多年来，徐工集团胸怀世界，将改革创新作为发展的最强劲动力，在一个市场竞争激烈的领域行稳致远，后来居上，持续引领中国工程机械产业的发展和振兴，跻身于世界舞台中央。作为徐州市倾力打造的“343”创新产业集群“一号产业”和工程机械国有“链主企业”，徐工集团传承红色基因、坚守实体经济，擦亮“中国工程机械之都”名片，带动全市工程机械产业集群首批入围国家先进制造业集群，全球工程机械行业排名从第7位到蝉联第3位，连续34年保持国内工程机械行业第1位，入围江苏省首批重点培育4个世界级先进制造业产业集群。

徐工如今的成绩也离不开一代又一代徐工人的坚守，徐工干部严于律己，将“意志坚定、吃苦耐劳、真才实学、勇于创新、富有经验、做出实绩”的24字行为要求落实到工作中。徐工人以“奋斗，奔向世界级”的情怀，依托全球市场、产品技术、高效管理、精益制造、信息管控等优势实力的强力支撑，共圆产业报国、装备强国的“中国梦”，登顶全球工程机械产业珠峰。

老牌国企的数字化转型之路

“国有企业是中国特色社会主义经济‘顶梁柱’”“徐工自诞生之初就流淌着红色的血液，红色基因注定了我们始终坚持党的领导，加强党的建设不动摇。”公司党委书记、董事长王民说。作为一家有根、有魂、有情的老牌国企，徐工赓续红色血脉，筑牢理想信念，矢志践行“五个坚持不动摇”，发扬新时代徐工“四种精神”，聚力产业发展高质量。

进入互联网时代，层出不穷的新技术对传统行业产生了颠覆性的影响，企业内部的熵增、竞争环境的变化等诸多因素冲击着传统企业的发展。在数字化的浪潮中，众多数字技术被快速而广泛地运用于工业，重构新生态系统，抢占竞争制高点来实现跨越式增长。

在此形势下，徐工集团深感数字化转型势在必行。作为国家级信息化和工业化深度融合示范企业，徐工集团着力打造全价值链各环节的“智能+”能力，工业互联网、工业大数据、人工智能等新技术渗透融合，不断创新增值模式，探索出一条以数字化转型铸就智慧徐工的发展之路。

2016年，徐工发布了国内首个自主研发的并具有自主知识产权的汉云工业互联网平台，被习近平总书记称赞为“是一个能为设备提供精准服务的平台”。徐工牢记“由高速增长转向高质量发展，这是必须迈过的坎”的期望嘱托，瞄准数字经济，聚焦工业互联网和智能制造，将新一代信息技术深度融入制造业，依托平台加速产业智改数转，加快推动产业“高端化、智能化、绿色化、服务化、国际化”转型升级。

徐工在“工业互联网+双碳、工业互联网+5G、工业互联网+园区、数字孪生、工业大数据、人工智能”等关键领域创新突破，在新一轮技术革命和产业变革中抢占先机，多次获评国家级智能制造标杆企业、试点示范项目和首批智能制造标准应用试点，数字化覆盖率由75%提升至95%，关键工序数控化率从70%增长至90%。如今，徐工进军信息化取得阶段性成效，信息产业正助推徐工主业发展，数字化转型将持续为生产赋能。

打造中国品牌走向世界

34载栉风沐雨，34载春华秋实。徐工已发展成规模庞大的企业集团，如今是中国工程机械产品品种和系列最齐全、最具竞争力和最具影响力的大型企业集团之一。

随着市场经济的发展，市场竞争日益激烈，企业竞争已从单一产品的价格战、质量战、品牌战，逐步演变成当前的企业综合形象战。以“极具国际竞争力、让国人为之骄傲的世界级企业”为目标的徐工集团始终重视企业形象的塑造与传播，不仅在技术上追求一流，在品牌建设上也不甘落后。

徐工集团正式组建之时，正是我国改革开放思想解放、生产解放、万马奔腾的新时期。徐工集团前瞻性地认识到品牌塑造的重要性，从诞生之日起就注重品牌建设，将品牌视为企业的无形资产，通过引进、消化、吸收和再创新，引领行业奠定自主创新的发展基础。

徐工集团坚持国际化道路不动摇，不断进行品牌全球化的探索实践，坚持外贸、外资、外经“三外并举”措施，发展外向型经济，为企业国际化发展奠定了基础，引领中国工程机械企业率先走向世界。

在产品走出去的同时，徐工凭借过硬的质量和技术将中国品牌推向全世界，特别是“一带一路”沿线国家。从“产品输出”到“品牌输出”，徐工打造了为国争光的民族品牌，向世界诠释着“徐工，让世界更美好”的不懈追求，这也是徐工作为老牌国企的使命感和荣誉感。

徐工人传承“精益、专注、创新、奋斗”的工匠精神，以“钢铁战士”般的勇毅坚韧，支撑起世界级的精工制造，承托起全球客户对“技术领先、用不坏”卓越品质的信任，徐工品牌早已成为全球工程机械最具美誉度的“中国名片”。

徐工用30余年时间打造了一个千亿级企业，几十年来坚守匠心正道，着眼世界前沿，努力探索创新发展的好模式、好经验，注重品牌建设。未来，在实现中国梦的接力奋斗中，徐工将再接再厉，勇攀世界工程机械最高峰，在更大的舞台施展拳脚。

江苏省品牌建设促进会
JIANGSU COUNCIL FOR BRAND DEVELOPMENT

会员性质	单位名称
会长单位	南京天加环境科技有限公司
副会长单位	远东控股集团有限公司
副会长单位	常州港华燃气有限公司
副会长单位	莱克电气股份有限公司
副会长单位	南京玻璃纤维研究设计院有限公司
副会长单位	江苏洋河酒厂股份有限公司
副会长单位	江苏核电有限公司
副会长单位	江苏永钢集团有限公司
副会长单位	江苏射阳大米集团有限公司
副会长单位	罗莱生活科技股份有限公司
副会长单位	南京金鹰国际集团有限公司
副会长单位	雅迪科技集团有限公司
理事单位	南京地铁运营有限责任公司
理事单位	南京白龙有机农业科技开发有限公司
理事单位	江苏省质量和标准化研究院
理事单位	江苏高淳陶瓷股份有限公司
理事单位	江苏沪宁钢机股份有限公司
理事单位	江苏淮海新能源车辆有限公司
理事单位	徐州重型机械有限公司
理事单位	常州天马集团有限公司（原建材二五三厂）
理事单位	波司登羽绒服装有限公司
理事单位	好孩子儿童用品有限公司
理事单位	南通江海电容器股份有限公司
理事单位	南通市海门区旺盛农副产品有限公司
理事单位	江苏汤沟两相和酒业有限公司
理事单位	江苏新海石化有限公司
理事单位	江苏今世缘酒业股份有限公司
理事单位	江苏欧西建材科技发展有限公司
理事单位	江苏乾宝牧业有限公司
理事单位	江苏省弶港农场有限公司
理事单位	江苏亿能电气有限公司
理事单位	江苏隆江物业管理有限公司
理事单位	江苏太平洋精锻科技股份有限公司
理事单位	江苏苏北粮油股份有限公司
理事单位	江苏亿能电气有限公司
理事单位	江苏隆江物业管理有限公司
理事单位	江苏太平洋精锻科技股份有限公司
理事单位	江苏苏北粮油股份有限公司

会员性质	单位名称
会员单位	南京钢铁股份有限公司
会员单位	江苏宝庆珠宝股份有限公司
会员单位	中通服咨询设计研究院有限公司
会员单位	中国能源建设集团江苏省电力设计院有限公司
会员单位	南京金陵金箔集团股份有限公司
会员单位	南京高速齿轮制造有限公司
会员单位	江苏冠军科技集团股份有限公司
会员单位	江阴市红柳被单厂有限公司
会员单位	宜兴市粮油集团大米有限公司
会员单位	双良节能系统股份有限公司
会员单位	江苏中超控股股份有限公司
会员单位	中辰电缆股份有限公司
会员单位	江阴苏利化学股份有限公司
会员单位	无锡天资乳业有限公司
会员单位	无锡锡洲电磁线有限公司
会员单位	徐州斯尔克纤维科技股份有限公司
会员单位	徐州绿健乳品饮料有限公司
会员单位	江苏恩华药业股份有限公司
会员单位	江苏四方清洁能源装备制造有限公司
会员单位	江苏安靠智能输电工程科技股份有限公司
会员单位	江苏金旺智能科技有限公司
会员单位	江苏国茂减速机股份有限公司
会员单位	江苏德春电力科技股份有限公司
会员单位	常州市华立液压润滑设备有限公司
会员单位	常州华威电子有限公司
会员单位	江苏日盈电子股份有限公司
会员单位	江苏沙钢集团有限公司
会员单位	德尔未来科技控股集团股份有限公司
会员单位	苏州太湖雪丝绸股份有限公司
会员单位	苏州莱恩精工合金股份有限公司
会员单位	苏州建设（集团）有限责任公司
会员单位	苏州工艺丝绸有限公司
会员单位	苏州稻香村食品有限公司
会员单位	苏州远东砂轮有限公司
会员单位	南通富士美帽业有限公司
会员单位	南通江山农药化工股份有限公司
会员单位	江苏恒科新材料有限公司
会员单位	江苏美罗家用纺织品有限公司
会员单位	凯盛家纺股份有限公司
会员单位	南通双弘纺织有限公司

会员性质	单位名称
会员单位	江苏力星通用钢球股份有限公司
会员单位	江苏林洋能源股份有限公司
会员单位	江苏神马电力股份有限公司
会员单位	丰益表面活性材料（连云港）有限公司
会员单位	江苏省镔鑫钢铁集团有限公司
会员单位	连云港市交通控股集团有限公司
会员单位	江苏苏盐井神股份有限公司
会员单位	盱眙博图凹土股份有限公司
会员单位	江苏汉邦科技股份有限公司
会员单位	江苏中车电机有限公司
会员单位	江苏金贸建设集团有限公司
会员单位	盐城市粮油集团有限公司
会员单位	江苏军曼农业科技有限公司
会员单位	江苏华能电缆股份有限公司
会员单位	扬州晨化新材料股份有限公司
会员单位	江苏兴洋管业股份有限公司
会员单位	扬州天韵琴筝有限公司
会员单位	江苏超力电器有限公司
会员单位	江苏美科太阳能科技股份有限公司
会员单位	江苏索普化工股份有限公司
会员单位	宜禾股份有限公司
会员单位	丹阳龙江钢铁有限公司
会员单位	明月镜片股份有限公司
会员单位	江苏新宏大集团有限公司
会员单位	兴化市四季香米业有限公司
会员单位	江苏飞船股份有限公司
会员单位	江苏东华测试技术股份有限公司
会员单位	江苏振华海科装备科技股份有限公司
会员单位	江苏宏大特种钢机械厂有限公司
会员单位	江苏沂淮水泥有限公司
会员单位	江苏华绿生物科技股份有限公司
会员单位	旭派电源有限公司
会员单位	江苏沃绿宝生物科技股份有限公司
会员单位	江苏中科君达物联网股份有限公司
会员单位	江苏华伦化工有限公司
会员单位	江阴故乡情农业发展有限公司
会员单位	南京永达户外传媒有限公司
会员单位	江苏杰威体育设施有限公司
会员单位	江苏省宁海商标事务所有限公司
会员单位	江苏省农垦米业集团淮海有限公司

会员性质	单位名称
会员单位	江苏省农垦麦芽有限公司
会员单位	徐工集团工程机械股份有限公司
会员单位	南京新工投资集团有限责任公司
会员单位	无锡时代天使医疗器械科技有限公司
会员单位	扬州中月米业有限公司
会员单位	江苏富安茧丝绸股份有限公司
会员单位	徐州南普机电科技有限公司
会员单位	江苏景宏新材料科技有限公司
会员单位	扬州市管件厂有限公司
会员单位	江苏乾隆江南酒业股份有限公司
会员单位	江苏兴达钢帘线股份有限公司
会员单位	中亿丰罗普斯金材料科技股份有限公司
会员单位	江苏红豆实业股份有限公司
会员单位	苏州迈为科技股份有限公司
会员单位	江苏双星彩塑新材料股份有限公司
会员单位	五洋纺机有限公司
会员单位	中复神鹰碳纤维股份有限公司
会员单位	苏交科集团股份有限公司
会员单位	江苏虎豹集团有限公司
会员单位	中圣科技（江苏）股份有限公司
会员单位	雅鹿集团股份有限公司

图书在版编目（CIP）数据

江苏品牌故事 / 江苏省品牌建设促进会编 . -- 南京：江苏凤凰文艺出版社 , 2024.3
ISBN 978-7-5594-8077-4

I. ①江… II. ①江… III. ①散文集 - 中国 - 当代 IV. ① I267

中国国家版本馆 CIP 数据核字 (2023) 第 216714 号

江苏品牌故事

江苏省品牌建设促进会　编

总策划 / 主编	蒋　立　黄　澔　蒋锡培
策　　　划	于守富　朱　强　刘兆华　严　菲　吴　毅　张联东　陈文锋
（按姓氏笔画）	倪祖根　章　宏　薛嘉琛　冯卓明　沈　瑜
执 行 主 编	朱　峰
执行副主编	虞　群　李拥华
责 任 编 辑	张　婷
统　　　筹	夏婷婷　虞　群　董格非
撰　　　稿	郑格格　吴　月　唐　赫
装 帧 设 计	大能猫
责 任 印 制	杨　丹
出 版 发 行	江苏凤凰文艺出版社
	南京市中央路 165 号，邮编：210009
网　　　址	http：//www.jswenyi.com
印　　　刷	深圳市祥龙印刷有限公司
开　　　本	718 毫米 ×1000 毫米 1/16
印　　　张	10
字　　　数	80 千字
印　　　次	2024 年 3 月第 1 版
版　　　次	2024 年 3 月第 1 次印刷
标 准 书 号	ISBN　978-7-5594-8077-4
定　　　价	88.00 元